大谷翔平の
成《せい》信《しん》力《りょく》

私が高校時代に伝えた、
夢が必ず実現する「脳活用術」

株式会社サンリ代表
西田一見
Hatsumi Nishida

清談社
Publico

大谷翔平の成信力《せいしんりょく》

私が高校時代に伝えた、夢が必ず実現する「脳活用術」

西田一見

はじめに

なぜ、大谷翔平は成功を信じ続けることができたのか

2023年12月11日（日本時間12日）、日本中をアッと驚かせるニュースが流れました。大谷翔平《おおたにしょうへい》選手のロサンゼルス・ドジャースへの移籍が決まり、契約総額がスポーツ界世界最高となる1022億円となることが報じられました。

一方で、彼が2024年から10年間で手にする年俸は毎年2億9000万円。10年後の2034年から10年間で残りの992億円が支払われることになりました。

彼が興味を持っているのは巨万の富を手にすることではありません。最も目指しているのは「世界ナンバーワンの野球選手になること」。このひと言に尽きます。

大谷選手のあくなき探求心は、高校時代にすでにありました。日々の練習や学校生活を送っているなかで、私はSBT（スーパーブレイントレーニング）の指導にあたっていました。

SBTとは、スポーツにかぎらず、ビジネスパーソンや経営者のみなさんが掲げた目標を達成するために必要な行動を根気よく続け、ここ一番の大勝負で実力以上の能力を発揮してゴールにたどり着くという、大脳生理学と心理学に裏づけされた「脳からアプローチして心をコントロールするメソッド」です。

さらに「成信力《せいしんりょく》」を会得させ、成功に導く脳をつくりだすことにも成功しました。

「成信力」とは「自分はできる」と信じることで、最高のパフォーマンスを発揮できる状態をつくる力のことです。大谷選手は、まさに「成信力」を身につけることができたからこそ、今日の成功にいたったといっても過言ではありません。

大谷選手が、その「成信力」を遺憾なく発揮したシーンを振り返りましょう。

2023年3月21日（日本時間22日）の第5回WBC（ワールド・ベースボール・クラシック）の決勝戦の日本（侍ジャパン）対アメリカ戦で、3対2と1点リードしたまま九回のマウンドに上がったのが大谷選手でした。

先頭打者を四球で出したものの、続く打者を併殺打に打ち取って、迎える打者は大谷選手が当時所属していたロサンゼルス・エンゼルス・オブ・アナハイムの同僚であり、アメリカ代表のキャプテンを務めているマイク・トラウト選手。現在のメジャーリーグにおいて世界最高の呼び声が高いトラウト選手との対決は、日本のみならず、アメリカ全土のメジャーファンも勝負の行方を見守っていました。

真っ向勝負で挑んだ大谷選手が3ボール2ストライクから投じた6球目は外に逃げるスライダー。これをトラウト選手が空振りし、見事に2009年の第2回大会以来となる日本の3度目の優勝が決まった瞬間でした。

この試合で大谷選手は「三番・DH（指名打者）」で出場して3打数1安打を放ち、ユニフォームを泥だらけにするほどの潑剌《はつらつ》としたプレーを見せていました。迎えた九回はブルペンからゆっくり歩いてマウンドに向かったのですが、このとき、大谷選手の脳裏に、こんなシーンがよぎっていました。

「二死走者なしでトラウト選手を迎える。それが最高だと思っていた」

結果は大谷選手がイメージしていたとおりのシチュエーションとなったのです。

そして、大谷選手が描いたイメージどおりに、最後はトラウト選手を三振に打ち取った。まさに大谷選手の「成信力」が結実した瞬間だったのです。

大谷選手の勢いはシーズンに入ってからも止まりませんでした。投げては先発で10勝の2ケタ勝利を達成し、打っては本塁打を量産して気づけば44本を放ち、日本人選手初となるメジャーでの本塁打王に輝き、2度目のMVP（最優秀選手賞）を獲得したのです。大谷選手は、もはや日本人の誰もがスーパースターと呼べる選手になったといっても異論を唱える人はいないでしょう。

こう書いていくと、**大谷選手は、これまでも順調な野球人生を歩んできたと考える人も多いかもしれませんが、じつは苦労の連続でした。**高校時代は甲子園《こうしえん》に2度出場したものの、股関節痛などの影響で1勝も挙げることができず、プロに入ってからも投手と打者の二刀流を貫いたことで、多くの野球評論家や野球ファンから懐疑的な意見が多かったのも事実でした。

そのうえ、2017年から右足首、右ひじ、左ひざと、3年連続で手術を受けました。「アメリカでは二刀流は無理だ」。そういう声も高まってきましたが、大谷選手は決してあきらめないどころか、「もっと高いレベルでプレーしたい」という一心で、懸命にリハビリに取り組んできたのです。

さらに、人一倍トレーニングや栄養にも気を使い、地道に肉体強化に取り組んできた結果、メジャーリーガーにも負けない体を手に入れることができるようになったのです。これも、大谷選手が高校在学中に「ある選手」のひと言でつないだ縁からメンタルトレーニングの指導をしたことが役に立っていると確信しています（ここで書いた「ある選手」については本書で触れています）。

2023年シーズンの途中に大谷選手は右ひじを再び故障し、シーズンが終了してからほどなくして2度目の右ひじの手術を行いました。2024年シーズンは投手としての大谷選手の勇姿を見ることはできませんが、彼なら間違いなく高い「成信力」を発揮し、故障というピンチをチャンスに変え、野球の技術や肉体改造にとどまらず、メンタル面もあらためて鍛え、いまよりさらにスケールアップしてメジャーのマウンドに戻ってくるに違いありません。

本書では、まず第1章で私が大谷選手を指導することになった経緯についてご説明しました。第2章から第5章までは私が指導した具体的なノウハウを一般の方にわかりやすく、ビジネスマンや経営者の方々にも実践できるかたちで解説しました。

第2章では「成信力」を高めるために必要な基礎知識と4つの力について説明しています。第3章では成功に不可欠な脳の力の活用法、第4章では「ゾーン状態」をつくるための「気」のコントロール方法である「三気法《さんきほう》」を紹介しています。第5章は人生を決める大舞台で最強のメンタルを保つために役立つ秘伝の方法を伝授します。最後に、第6章では、まだ一高校生だったころの大谷選手を振り返ることで、読者のみなさんに「あなたも成功できる」というプラスのイメージを持っていただければ幸いです。

真の成功を収めたい人、壁にぶち当たって乗り越えられないという人こそ、本書で伝えるノウハウを実践し、「最高の自分」を手に入れてほしいと願っています。

西田一見《にしだはつみ》

※「成信力」は株式会社サンリの登録商標です。

大谷翔平の成信力

私が高校時代に伝えた、夢が必ず実現する「脳活用術」

CONTENTS

第2章 私が大谷翔平に伝えたメンタル術の基本

第3章

大谷翔平が成功を引き寄せたメンタル術

STEP 3 ――「3つのメンタル術」を活用する　138

第4章

大谷翔平が大舞台を前に実践したメンタル術

第5章 大谷翔平の「勝負強さ」を引き出したメンタル術

第6章

大谷翔平を目指すあなたへ

第 1 章

私と大谷翔平の出会い

□ 母校・花巻東高校の佐々木洋監督とのご縁

私と大谷選手の出会いをお話しする前に、彼の母校である岩手の花巻東《はなまきひがし》高校硬式野球部の佐々木洋《ささきひろし》監督との縁についてお話ししなければなりません。

あれは2008年12月22日のことでした。弊社サンリの会長であり、私の父でもある西田文郎《ふみお》が「運とツキ」をテーマにしたセミナーを静岡県の熱海《あたみ》で開催していたときのこと。参加者のほぼ99%が会社の経営者ばかりというなかで、ひとり、体格のいい男性が西田会長の話を眼光鋭く聞き入っておられました。その男性こそが、花巻東高校硬式野球部の佐々木監督だったのです。

当時の花巻東は全国的にはまったくといっていいほど無名の存在で、1964年夏と1990年夏の2度、甲子園に出場していたものの、戦績は1勝2敗とふるわないものでした。

佐々木監督自身も高校時代は地元である岩手の黒沢尻北《くろさわじりきた》高校という公立高校に進学したものの、甲子園とは無縁の野球生活を送っておられました。高校卒業後は国士舘《こくしかん》大学に進学し、教育実習のときに水谷哲也《みずたにてつや》監督率いる神奈川の横浜隼人《よこはまはやと》高校に行った縁で、大学卒業後は同校で硬式野球部のコーチを務めていました。

その後、2000年に地元の岩手に戻って花巻東の教員として赴任。当初はバドミントン部や女子ソフトボール部の顧問を務め、2年後の2002年に硬式野球部の監督に就任すると、3年後の2005年夏に甲子園出場に導いたのです。

けれども、鹿児島の樟南《しょうなん》高校との初戦で4対13と大敗を喫し、甲子園の初采配は苦いデビューとなりました。そんなときに、佐々木監督はサンリでセミナーを受講されたのです。

高校野球の監督というと、多くの人は選手を叱咤《しった》激励しながら日々グラウンドで汗を流すというイメージをお持ちの人が多いかもしれませんが、佐々木監督は選手を叱るということはなく、みずから考えて努力する力を身につけさせようと考えておられるようでした。

私が花巻東に行って選手に指導を行っていたときも、

「うちの野球部は『野球選手を育てる』のではなく、『野球ができる立派な人間を育

てる』ことをモットーにしているんです」

とおっしゃっていたのが、いまでも印象に残っています。

高校野球の監督であれば、誰でも「優秀な野球選手を育てたい」と思うはずです。けれども、どんなに技術や体力がほかの選手より秀でていても、肝心の「心」が自分のイメージどおりにコントロールできなければ、全国大会出場をかけた大一番の大会、あるいは全国一を決める試合で100％の実力を発揮できないものです。

佐々木監督は、そのことに気づいたからこそ、運やツキを呼び込むための「心の磨き方」について、サンリのセミナーを通じて学び取り、教え子である高校生の彼らの野球を通じた人間づくりに力を注いでいこうと考えておられたというわけです。

花巻東は2007年夏に甲子園に出場し、1回戦で新潟明訓《めいくん》と対戦して0対1で敗戦したものの、この試合では大きな収穫がありました。2年後に埼玉西武《せいぶ》ライオンズにドラフト1位指名されることになる菊池雄星《きくちゆうせい》投手（現トロント・ブルージェイズ）が1年生ながら甲子園デビューを果たしたのです。

ストレートの最高球速は145キロに達し、5イニングを1失点で切り抜けながらも、残念ながら、その1点が命取りとなり、チームは惜しくも敗れました。

けれども、このときの敗退、さらには菊池投手の成長もあって、花巻東は2年後の2009年春のセンバツでは準優勝、夏は甲子園ベスト4進出という、すばらしい成績を収めることができたのです。同時に、サンリのセミナーに参加してから3カ月後に甲子園で結果を出してくれたことを、とても誇らしく感じていました。

そして、このときの花巻東の甲子園での快進撃をテレビで見ていた中学3年生の少年が、のちの大谷翔平選手でした。もし菊池選手の大活躍がなければ、大谷選手の進路はどうなっていたのか……。

そう考えると、この年の甲子園での躍進は、花巻東にとっても、大谷選手にとっても、ターニングポイントとなった出来事だったといえるのです。

□メジャーリーガー・菊池雄星投手を指導

花巻東出身のプロ野球選手として世間から最初に注目されたのが、現在メジャーで活躍している菊池雄星投手。2009年春のセンバツで準優勝をしてその名をとどろかせ、夏の甲子園でもベスト4と、花巻東を大躍進させた原動力となりました。

ドラフト会議の前にはメジャーからも注目され、国内12球団に加えてメジャーの8球団とも面談するほどの注目の投手でした。結局、この年のドラフト1位で西武に入団することが決まった直後には、

「まだまだ自分のレベルでは世界に通用しない。日本で認められてから世界でプレーしたい」

と表明したのです。

背番号が「17」に決まり、数年後は西武、さらには日本を代表するエースへと駆け上がってから、晴れてメジャーリーガーとなる……そう思っていた矢先の入団1年目、菊池投手に大きな試練が待ち受けていました。左肩痛を発症したのです。

結局、彼はこの年、一軍デビューはおろか、二軍でも満足にピッチングすることすらできない不完全燃焼のままシーズンを終えることになりました。

彼とかかわることになったのは、ちょうどこの年、SBTメンタルトレーニングの年間個人指導というかたちで1回3〜4時間ほどメンタルトレーニングを行っていました。私がメイン講師として主宰していた「SBTプレミアムスクール」というビジネススクールにもゲストとして参加してくれたりもしていました。

彼の長所は、あくなき向上心と、男前な考え方です。メンタルトレーナーとしてサポートする傍ら、考え方が非常にしっかりしていて、とても20歳前後の青年とは思えないほど考え方が大人であったのは、いまでもよく覚えています。

そうして1年、また1年と、年を追うごとに彼はどんどん進化し、2016年にプロ入り初となる2ケタ勝利をマークすると、2017年はパ・リーグの最多勝と最優秀防御率のタイトルを獲得。翌2018年も14勝4敗とすばらしい成績を残し、西武の2年連続リーグ優勝に貢献したのです。

そうした活躍を置き土産に、彼は2018年オフにメジャー挑戦を決断。当時、あのイチロー選手が所属していたシアトル・マリナーズへの入団を果たしたのです（イチロー選手は翌２０１９年3月の東京ドームでの開幕戦かぎりで現役を引退した）。

私にとっても菊池投手との出会いと個人指導で過ごした時間は貴重なものとなりました。

彼の長所は、なんといっても性格的に真面目で前向きなところ。**「もっと野球がうまくなるには、どうしたらいいのか」をつねに考え、さまざまなトレーニングにチャレンジしていく姿勢は、見ているわれわれも大いに学ばされるものがあったと思っているほどです。**

□高校2年生のときの大谷翔平の第一印象

私と大谷選手との出会いは、彼が花巻東の2年生のとき。彼の3年先輩にあたる菊池投手からの電話がきっかけでした。

「母校の3つ後輩に僕よりすごい選手がいるんですが、1年生のときに甲子園出場を果たせなかったんです。西田先生がSBTのメンタル指導に行っていただけないでしょうか」

彼の個人指導を行っていたこと、さらには彼の母校である花巻東の選手となれば、私は断る理由などありません。2つ返事でOKしました。その際にかかる費用は菊池投手が「すべて持ちます」といってくれたときに、「お前は男前だなあ」と感心しきりだったのを覚えています。

ここまで彼が母校の後輩のことを気にしてくれたのは、大谷選手がすばらしい素質を持っていたからというのもあるのですが、それ以上に彼が強調していたのは、

「母校に恩返しがしたいんです」

という言葉でした。

彼自身、花巻東の環境で育ててもらえたからこそ、いまの自分がある。だからこそプロ野球選手になったからには後輩たちの役に立ちたいという思いが強くあったからこその行動だったのです。

いざ、花巻東野球部の合宿所で大谷選手と顔合わせしたときの第一印象は、「ギラギラじゃなくて、『キラキラ』しているな」

でした。ギラギラというのは人の足を引っ張ってやろうという「ひねくれた負けず嫌い」なのですが、キラキラは「絶対自分はよくなっていくんだ」という「素直な負けず嫌い」という違いがあります。大谷選手は後者でした（103ページ参照）。

もうひとつ感心したのは、講義をする部屋に入ってきたときに、大谷選手だけニコニコしていたことでした。ほかの選手はみんな真面目な表情で部屋に入ってきていたのですが、彼だけは「これから何が始まるんだろう」という表情をしていたのです。私の講義は座学が中心ですから、どちらかというと勉強のようなイメージを持っていた選手が多かったので、真面目な顔で教室に入ってくるのは、ごく当然のことです。

けれども、**大谷選手は違った。明らかに「この時間も目いっぱい楽しもう」という思いが表情に出ていたのです。私はさまざまな競技のアスリートの指導を行ってきましたが、あとにも先にも最初からニコニコしながら部屋に入ってくるような選手は彼しかいませんでした。**

そうして、メンタルチェックという心理検査をすると、驚きの結果が出ました。全体的に点数が高かったなかで、「クリアリング能力」と「サイキングアップ」の2つが、ほかの人より抜きん出ていたことです。クリアリング能力とは競技で行ったいやなことを忘れる能力です（92ページ参照）。野球の場合でいえば、投手が本塁打を打たれて「しまった！　やられた！」という気持ちを引きずらずに、できるだけ早く記憶から消し去れるかどうかということです。

「ダメだった」という否定的になりかけた脳を切り替え、ポジティブにイキイキ働く脳にする。大谷選手は一流のアスリートに必要なクリアリング能力を高校2年生のときに、すでに兼ね備えていました。

次のサイキングアップとは、「ここぞ」という場面で100％のパフォーマンスを発揮し、望んでいる結果を得るための能力です。そのためには自分の心をしっかりコントロールできることが要求されます。

大谷選手は、なんと、これが20点満点中20点という驚異的な成績を弾き出していたのです。私は驚きました。それまでにも、ゴルフやバスケット、バレーボール、バドミントンなど、あらゆる競技の一流アスリートを指導してきました。けれども、高校生のレベルで大谷選手ほどの高いメンタリティーを維持した選手には出会ったことがありませんでした。

どんな人にも欠点はあります。とくにメンタルについてはセンシティブな部分ですから、誰しもが、どこか欠点らしい欠点を持ち合わせていてもなんらおかしなことではないのです。それが、大谷選手には、いくつかの小さな改善点はあるにせよ、大きな欠点らしい欠点が見当たらない。しかも、私が指導し始めたときの彼の年齢は、まだ16歳でしたから、

「このまま順調に育てば、この先、どれだけすごい野球選手になっていくんだろう」

と期待していたことを、昨日のことのように、いまでもよく覚えています。

高校時代に筆者の講習を受講する大谷翔平選手。ワクワクした表情が印象的だ（提供：株式会社サンリ）

□「二刀流挑戦」を決意させた私からのメッセージ

私が大谷選手に最初に伝えたことは、「常識の枠にこだわらず、壊していくことを考えなさい」ということでした。

過去の経験のなかから、「あれはできる、これはできない」と考える人は、昔からの常識のなかだけでものごとを判断しがちで、新たな挑戦などできません。そうした枠を取り払ってしまったうえで、「ワクワクできること」を探す。彼がこの先、大きく伸びていくには、これがいちばんだと考えたのです。

最初にチームの目標としては「甲子園出場」を掲げさせました。それに加え、2011年は東日本大震災で東北の太平洋沿岸の地域が壊滅的な被害を受けたことから、こうも伝えました。

「いま、東北は震災の影響で元気がない。あなたたちがあきらめずに頑張れば、岩手県の人はもとより、東北の人たちはきっと喜ぶし、きっと元気にもなる。それができるのは、岩手県出身であるあなたたちだけだ」

花巻東は県外の選手がほとんどおらず、地元出身の選手で固められていました。私が「なぜ、甲子園出場を目指すのか」を伝えたときに、選手たちの脳にはワクワクする目標が芽生えました。ここでいうワクワクする目標とは、

①いまの自分には夢であるような大きな目標

②明確かつ具体的な目標

③使命感をともなった目標

のことを指すのですが、大谷選手にはSBTメンタルトレーニングの指導で私の話した言葉が刺さったのかもしれません。それが「ワクワクとチャレンジするアホになれ!!」「不可能はない!!　なりたい自分になりなさい」です。だから、「投げるのも打つのも両方で一流を目指していく」。それが「二刀流への挑戦」につながっています。冒頭にお話しした「常識の枠にこだわらずに壊しなさい」というのは、まさにこのことだったのです。

彼が日本プロ野球の北海道日本《にっぽん》ハムファイターズにドラフト1位で入団するなり二刀流を宣言すると、重鎮と呼ばれるプロ野球OBや野球ファンからは、

「そんなの無謀だ」

「日本のプロ野球をナメている」

「打つか投げるか、どちらかに絞ったほうがいい」

という意見が多数を占めました。いいたいことはよくわかります。長いプロ野球の歴史において、二刀流に挑戦した人もいないわけではありません。けれども、多くの野球ファンの記憶に残るような、あるいは目に見えて大記録といえるような数字を残した二刀流の選手は、ほとんどといっていいほど見当たりません。


けれども、**大谷選手はそうした批判や懐疑的な声などはどこ吹く風とばかりに自分の信じた道を貫き通す決意を固めていました。**その理由は彼自身、野球のプレーにおいて最もワクワクしたのが「二刀流への挑戦」だったからです。

繰り返しますが、大谷選手のなかで二刀流を貫こうとする姿勢は「脳がワクワクできるから」というのが最大の理由なのです。**過去や現在にとらわれず、これから経験できることに喜びを期待する。**大谷選手の脳は、それだけ肯定的にものをとらえる力があるといえるのです。

□なぜ、「卒業即メジャー挑戦」を宣言できたのか

私が花巻東を指導して数カ月がたったころ、ちょうど夏の甲子園の岩手大会が始まりました。当時の大谷選手は身体的に成長期にあったので、投打ともに万全にはほど遠い状態でしたが、チームは大会を勝ち進み、先輩の菊池選手以来、2年ぶりの甲子園の切符をつかみ取りました。

初戦で対戦したのが甲子園で3度の優勝経験を持つ東京の帝京《ていきょう》高校。大谷選手は「三番・ライト」で出場し、四回途中から甲子園の初マウンドを経験し、打っては六回の第4打席でレフトに強烈な当たりのタイムリー安打を打つなど、実力の片鱗《へんりん》を見せつける活躍をしましたが、チームは7対8と惜敗しました。

翌年春のセンバツでも花巻東は甲子園に出場しました。相手は強豪の大阪桐蔭《とういん》高校。優勝候補の筆頭といわれていました。

相手エースの藤浪晋太郎《ふじなみしんたろう》投手は、のちに阪神《はんしん》タイガースにドラフト1位で入団し、2023年シーズンからはメジャーリーガーとしてオークランド・アスレチックス、

ボルチモア・オリオールズで活躍し、２０２４年シーズンからはニューヨーク・メッツに入団するほどの剛腕で、高校時代も注目の投手のひとりと目されていました。

けれども、大谷選手はそうした前評判に臆することなく「四番・投手」として出場した第1打席でライト後方に本塁打を打ったのです。しかし、試合は大谷選手が八回途中までに9失点と崩れ、２対９で敗れました。

大谷選手の名を全国に知らしめたのは3年夏の岩手大会の準決勝でした。対戦相手の一関《いちのせき》学院高校との試合で投手としてマウンドに立つと、六回二死二、三塁の場面で投じた内角低めのストレートが高校生史上初となる「１６０キロ」を表示。「大谷翔平」の名前はインターネットを通じて、またたく間に全国に広がりました。

決勝では花巻東は盛岡《もりおか》大附属高校に3対5で敗れ、残念ながら甲子園出場はならなかったものの、強烈なインパクトを残したのです。

そして、秋のドラフト前には日本にとどまらず、メジャーも関心を寄せ、ロサンゼルス・ドジャース、ボストン・レッドソックスといった名門チームとも面談を行ったのです。このときは彼自身、

「日本のプロよりもメジャーリーグへの憧れが強く、マイナーからのスタートを覚悟のうえでメジャーリーグに挑戦したい」

と語っているほどでしたが、日本ハムがドラフト1位で指名して交渉権を獲得。日本で実績をつくってからメジャーに渡ったほうが活躍できる可能性が高い点、投手と打者の二刀流の育成プランに強い関心を持ち、晴れて日本ハムへの入団が決まったのです。

何度もお話ししますが、高校時代の大谷選手をワクワクさせたのはベースボール発祥の地であるアメリカのメジャーでプレーして活躍することでした。ですから、彼が高校卒業時にメジャーに挑戦することを表明したときには、多くの人が抱いた「無謀だ」という考えより、「高校時代の大谷選手を見ていれば当然だよな」という思いのほうを、はるかに強く持っていました。

世界のトップクラスの選手が集まるメジャーで活躍する自分の姿が、このときにはっきり見えていたからこそ、メジャーに挑戦したいといえた大谷選手。つまり、未来の自分のイメージを明確にすることができたからこそ、自信を持っていえたのです。

□「大谷思考」の基礎は高校時代にかたちづくられた

日本ハムで5年間プレーし、入団4年目の2016年には投げては10勝、打っては22本塁打を放ってチームのリーグ優勝、日本一に貢献。翌2017年のオフにロサンゼルス・エンゼルス・オブ・アナハイムと契約するにいたったのです。

そうして、メジャーの舞台でも二刀流を貫き、2021年シーズンは打者として46本塁打、100打点、26盗塁をマークしてアメリカン・リーグのMVPを獲得。2022年シーズンは1918年のベーブ・ルース以来の「2ケタ本塁打、2ケタ勝利」を達成。2023年シーズンは44本塁打を放って日本人史上初となる本塁打王と2度目のアメリカン・リーグのMVPを獲得するまでの偉大な選手となったのです。

大谷選手を指導していた高校2年生のとき、彼は弱気になったり、「もうダメだ」とあきらめてしまったりするような姿を、私は一度も見たことがありません。 たとえチームが苦戦に陥っていても、威風堂々としたたたずまいは、同じユニフォームで戦う仲間に信頼と安心感を与える存在へと成長していきました。

そして、メジャーから注目されても、彼はそのことをひけらかすこともいっさいなく、謙虚な姿勢を貫く一方で、二刀流という前人未到のプレーヤーを目指していく。まるで漫画の世界のような話ですが、彼にとってはただの現実としか考えていません。

私が大谷選手を指導する縁に恵まれたことは、いまでも大きな財産となっています。彼を高校時代に指導し始めたとき、191センチの身長でありながら、体重がまだ76キロしかなかった。現在の193センチ、96キロという体格を考えると、身体的にはまだまだ成長過程の途中にいましたし、実際に成長痛もあった時期でした。ですから、自身の肉体を鍛える一方、肉体のメンテナンスも、きちんと行っておくことが必要だったのです。

一方でメンタルは鍛えました。肉体はセーブしなければならない面がありましたが、心は違います。鍛えよう、あるいは改善していこうと思えば、いくらでもできます。**彼のメンタルチェックをしたときに、まだまだ伸びる部分はないのか、そこをどう向上させていくのかを徹底的に分析し、メンタルトレーニングを行っていきました。**

私はメンタル指導を行うときには、選手をいじりながら話を進めていくのですが、彼に話を振ると、ひと言ふた言、ユニークな答えが返ってくる。それでいて、周囲をなごませる能力にも長《た》けていました。

ひと昔前の野球選手であれば、「野球がうまい」というだけで鼻高々と天狗《てんぐ》になり、どこかお山の大将のような雰囲気を醸し出している選手もめずらしくありませんでした。けれども、彼にはそういったところはまるでなく、周囲を気づかいながら、それでいて「もっとやれる！」「大丈夫！　絶対に勝てる」とポジティブな言葉をつねに言い続けて周囲を鼓舞していたのです。

彼は高校時代からメジャーに強い関心を持っていましたが、いまの活躍ぶりを見るにつけ、充実した高校時代に基礎がつくられたことは間違いありません。

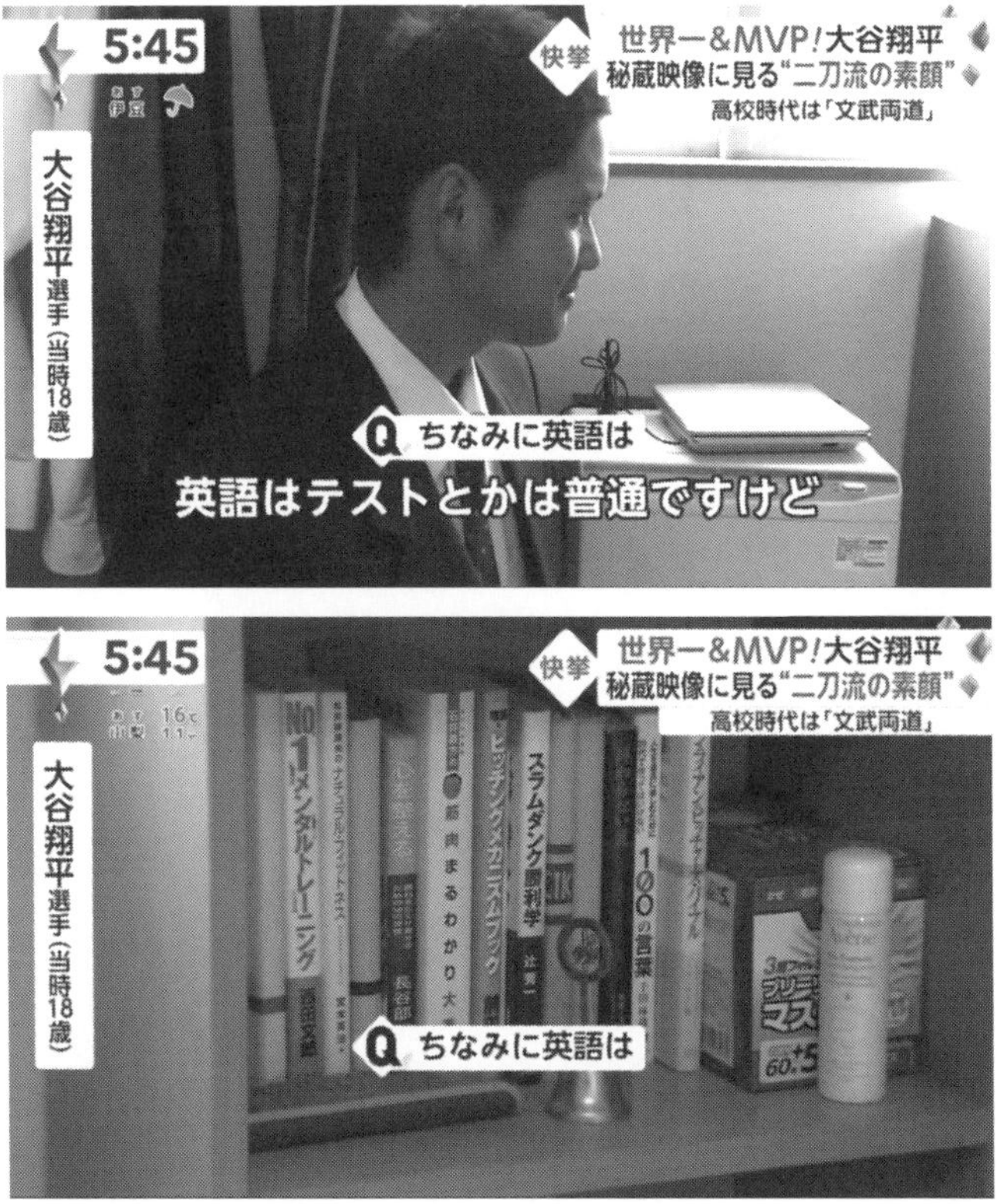

高校時代の大谷翔平選手の自室の本棚。「SBT」の開発者・西田文郎の著書『No.1メンタルトレーニング』が見える（フジテレビ系「Live News イット!」2023年3月22日放送より）

Column

1

桑田真澄投手をケガから復活させたメンタル術

現在、読売《よみうり》ジャイアンツ（巨人《きょじん》）の二軍監督を務めている桑田真澄《くわたますみ》さん。高校野球の名門・PL学園高校では1年生の夏から3年生の夏まで5度、甲子園に出場し、投手として戦後最多記録の通算20勝というすばらしい記録を樹立。高校3年生だった1985年のドラフト1位で巨人に入団して日本で通算173勝を挙げ、まさにレジェンドと呼ぶにふさわしい成績を収めました。

桑田投手はプロ野球選手で最初にSBTのメンタルトレーニングを受けた選手です。彼のすごいところは、鳴り物入りで巨人に入団したにもかかわらず、1年目はわずか2勝しかできず、自分自身の問題点にすぐに気づき、メンタル面の強化の必要性を感じたところです。3年以上のSBT個人指導を受け、メンタルチェックという心理検査の結果を見ると、アスリートではナンバーワンの数字を弾き出し、とくに目を見張ったのは「将来に対する目的意識」に対する部分で、見事に満点だったのです。そのうえ、「詰める能力」（87ページ）も高かった。この点が桑田投手の強みでした。

桑田投手の現役時代を振り返ってみると、この結果には納得します。1994年に巨人を優勝に導き、最多奪三振とセ・リーグMVPを獲得。翌年も獅子奮迅《ししふんじん》の活躍が期待されていましたが、試合中のケガによって右ひじの手術を余儀なくされました。ここからが彼の真骨頂です。

巨人の二軍のグラウンドには「クワタロード」と呼ばれる一本の道がありました。外野のライトからレフトのポールのあいだの芝生の緑に沿って芝が抜けてひと筋の道ができていました。桑田さんがケガをしてからの1年半のあいだ、黙々と走り続けた結果、道ができあがったことで、球団関係者からそう命名されました。

普通なら、ケガをして1年半以上ボールを握れないとなれば、「もうダメだ」と絶望や不安に襲われて弱気になってしまうことだってありうるはずです。けれども、桑田投手がその期間を耐え抜いて黙々と走り続けることができたのは、「ケガを克服して再びマウンドで活躍する〝将来の自分の姿〟を信じることができた」からです。

実際、1997年シーズンから復帰すると、その年は10勝を挙げ、翌年は16勝を挙げましたが、話はこれにとどまりません。彼は38歳になった2006年オフにピッツバーグ・パイレーツとマイナー契約を締結。長年の夢だったメジャー挑戦の夢をかなえることができたのです。

しかも、オープン戦でその実力を評価され、メジャーに昇格することが期待されていましたが、ここでもまたアクシデントが襲いました。3月26日の試合中に審判と衝突し、一転して引退の危機に迫られたのです。

年齢的に考えれば、夢がここで潰《つい》えてしまってもおかしな話ではありません。当時の日本のメディアでも「桑田投手のメジャーデビューは厳しいものとなった」と悲観的な論調で書かれていました。

けれども、桑田投手は違いました。右ひじを故障したときと同様、復帰のためのトレーニングを地道に積み重ねてケガを克服。およそ2カ月半後の6月10日にヤンキースタジアムで行われたニューヨーク・ヤンキース戦で見事にメジャーデビューを果たしたのです。

身長174センチと投手としては小柄な日本人が39歳にもなってメジャーのマウンドに立ちたいという夢は、まさに非常識な出来事です。そのうえ、ケガが重なっても決してあきらめずに、その夢を実現してしまう。

桑田投手からは、アクシデントを乗り越えるためには身体能力や素質でカバーするのではなく、心のあり方が大切なんだということを学び取ることができました。

第 2 章

私が大谷翔平に伝えたメンタル術の基本

STEP 1

なぜ、大谷翔平はトップに立ち続けられるのか

□人間が持っている「2つの能力」

身長193センチ、体重96キロという恵まれた体に加え、ずば抜けた技術とパワーを兼ね備えている。大谷選手のプレーを見るたびに、そう感じる人は多いはずです。

それでは、**「優秀な人」とはどういった人を指すのでしょうか。**スポーツ選手であれば、生まれつき身体能力が高い選手という人もいるかもしれません。けれども、天性の素質に恵まれている選手が必ずしも優秀な選手になるとはかぎらない事例を、私は数多く見てきました。むしろ「素質がない」と見られてきた選手がグングン成長して身体能力が高い選手を追い抜いてしまったこともよく見られました。

こうした違いが出てくるのは、人間が持つ基本的な2つの能力を伸ばしていけるか

どうかがカギとなってくると私は見ています。

ひとつは、**実力を蓄え、それを着実に伸ばしていく「保有能力」**。

もうひとつは、**保有能力を本番の試合で発揮する「発揮能力」**。

この2つは、野球やサッカーなどのスポーツにかぎらず、ビジネスや勉強など、ありとあらゆる場面で必要となってくる能力だと考えています。

大谷選手を例に見ていくと、トレーニングやサプリメントなどで筋肉そのものを大きくし、パワーを増やしていく能力こそが「保有能力」です。もともとの量が少ないままでは速いボールを投げたり、遠くに打球を飛ばしたりすることはできません。

そうして肉体を改造させ、**いま持ち合わせている身体能力をムダなく使い、完全燃焼させることが可能になったからこそ、「発揮能力が高い選手」であるといえるのです。**つまり、大谷選手は、もともとから持ち合わせていた体の大きさや身体能力の高さに恵まれているだけでなく、自身が課したトレーニングや栄養摂取によって「保有能力」を伸ばし、いざ、試合でそれを完全に燃焼させる優れた「発揮能力」を兼ね備えた選手であるといえるのです。

□「成長できる人」「成長できない人」の違い

大谷選手を見ていると、「彼には技術的な壁など存在しないのではないか」と思えるほど毎年進化しているように見えます。実際、日本のプロ野球からメジャーに移籍した2018年以降、年を追うごとに投打ともにすばらしい成績を残していることからも、そのことは一目瞭然です。

けれども、大谷選手自身、「今日の試合は最高のパフォーマンスが発揮できた」と考える一方、「今日の試合は悔いが残る。もっと実力が出せたはずだ」と反省することも多かったはずです。

つまり、「**人間の発揮能力は場面ごとに違う**」とも言い換えられます。

なぜ、このような違いが出てくるのか。大谷選手にかぎらず、どんな競技においてもトップアスリートといわれている人たちに、あらためて試合を振り返ってもらうと、さまざまな原因が出てくることがわかります。

たとえば、個人競技であれば、「ライバルが最高のパフォーマンスを発揮していたのを見て、『よし、自分も』と体が力んでしまった」。団体競技なら、「チームメイトの凡ミスが続いて試合に集中できなかった」というのもあります。

実力を発揮できなかった原因を探せば、いくらでも挙げられます。けれども、それらは実力を発揮できなかった原因というより、きっかけにすぎないのです。

力みや集中力を欠いたというのは、言葉を換えれば、「心が負けてしまった」ということ。つまり、**発揮能力が高いかどうかは相手や周囲の状況ではなく「心の状態で決まる」と断言できるのです。**人間的に成長できる選手というのは、この点を理解したうえで、上手《じょうず》に自分の心がコントロールできているからこそ最高のパフォーマンスが発揮できているのです。

ところが、そのことを直視せずに、いろいろな条件を言い訳にしてしまっている選手というのは、いつまでたっても発揮能力が高まらない。つまり、人間的に成長できずに現状で停滞している選手であるといえるのです。

大谷選手にかぎらず、どの競技においても、トップアスリートといわれる選手は、いかなる状況においてもベストパフォーマンスを発揮できるように、うまく自分の心をコントロールしています。

たとえば、絶体絶命のピンチに立たされた場面。いろいろな条件を言い訳にしている選手なら、「ああ、もうダメだ」「負けるかもしれない」と思ってしまうものです。

ところが、うまく自分の心をコントロールしている選手の場合は仮に「もうダメだ」と思ってしまっていても、それをすぐに切り替え、

「おもしろい場面だ。このピンチをチャンスに変えていこう」

「このピンチをはねのけたら、オレは相当かっこいいぞ」

という考えにいたり、現実にそうなってしまうこともあるのです。

けれども、彼らも、はじめからそうした考えができていたわけではありません。**数多くの経験を積んでいくなかで発揮能力と心の関係に気づき、心のトレーニングを積んでいくことでメンタル面をコントロールできる術《すべ》を身につけてきたのです。**

プロスポーツの世界には「20年、30年に一度の逸材」と呼ばれる人材が入ってくることがありますが、思うように実力を発揮することなく消えていくという例は、決してめずらしいことではありません。

「あれ？　数年前に好成績を残して『将来は金メダルも夢じゃない』と騒がれたあの選手はどうしたんですか？」

「あのとき以上の成績が残せず、残念ながら昨年かぎりで競技から足を洗いました」

私自身、その選手をよく知る関係者からこんな話を聞いたのは一度や二度ではないのです。中学や高校、大学で好成績を収め、周囲からも将来を嘱望されながら伸び切らないまま、気づいたらその競技をやめていたという選手は数多くいるという典型ですが、昔もいまも変わらずにいます。

トップアスリートと呼ばれる選手は、そうした選手より自分のメンタル面に対する意識がほんの少し高かっただけなのです。つまり、**人間的に成長できる人と成長できない人の差は、メンタル面に対する意識がどれだけあったのかということがいえるのです。**

□「壁を破れる人」「壁を破れない人」の違い

スポーツ選手であれば、誰しもが「レギュラーになりたい」「チームの主力として活躍したい」「全国大会に出場して、いい成績を収めたい」と考えるはずです。

目標が高い選手の場合だと「プロ選手になりたい」「世界で活躍できる選手になりたい」「オリンピックなどの世界規模の大会で金メダルを獲《と》りたい」と思う人もいるでしょう。

けれども、成長していくプロセスで、人は必ず次のような壁にぶち当たります。

「これ以上は伸びない」

「こんな高い目標は達成できっこない」

「もう、こんなつらい練習はいやだ。早く終わらないかな」

伸びる力を抑えてしまうのは、こうした思いです。その結果、「ひねくれた負けず嫌い」になってしまうのです。

「あいつは一所懸命に頑張っているな。よし、あいつの足を引っ張ってやろう」

「何、ひとりでいい顔してるんだよ。おもしろくないから妨害してやるぞ」

こんな考えではライバルや仲間の足を引っ張るだけで、いつまでたっても自分自身が成長していくはずもありません。それどころか、能力の限界ばかりに目を向け、「もういいや。やめよう」と成長していくことすらあきらめてしまうのです。

大谷選手は違います。第1章でもお話ししたとおり、**彼は「素直な負けず嫌い」だったため、「まだまだ伸びる」と考えていたからこそ、努力し続けることができました。**

練習に集中し、練習の段階からベストなパフォーマンスを発揮することができなければ、いざ本番の試合でも実力を発揮できるはずがありません。フィジカルトレーニングを行っている際にも、

「いまの自分にとって、これが限界だ」

というギリギリまで負荷をかけることで体力が高まっていき、徐々にそのレベルが上がっていきます。技術もそうです。練習のときから、いまできる最高のプレーを繰り返し行うことで、最高が少しずつ高まっていくのです。

たしかに、毎日厳しい練習に本気で向き合って取り組んでいくことは難しいことです。現実的な話として、いやになることだってあるでしょうし、「練習なんだから、このくらいでいいや」と気持ちがダラけ、手を抜いてしまいたくなることもあるはずです。

けれども、そうした心をコントロールし、毎日最高の自分をイメージして練習に取り組むためにも、メンタルトレーニングは必要なのです。

私たちのＳＢＴのプログラムでは次の２つを柱にしています。

①日々のメンタルトレーニングでは保有能力を向上させる（伸びる人間になる）

②試合に向けたメンタルトレーニングでは発揮能力を向上させる（活躍できる人間になる）

高い目標を持ったら、それを現実に落とし込むために、**①保有能力**、**②発揮能力**を伸ばすこと。

それができれば、おのずとどんな大舞台でも１００％の実力を発揮することが可能となるのです。

□潜在能力を引き出す「心のあり方」

保有能力と発揮能力は人間の心と大いに関係があります。私が指導したアスリートにはメンタルトレーニングを積んでいくことで成長した人材も多数います。

いつも私がいっているのは、

「自分の将来像の自分と、いまの自分を比較しなさい」

ということです。これは高校時代の大谷選手にもいっていました。一流のアスリートとして成長していくのか、それとも何者にもなれずに終わってしまうのか。この点については、まさに、自分の将来像と、いまの自分を冷静に比較できていないことで差がついてしまっているのです。

一方で、その競技での目標を達成してしまったら、競技の第一線から退いて第2の人生を歩んでいる人もいます。

たとえば、女子競輪の選手が「グランプリで優勝したい」という目標を持ってSBTのプログラムを受講しにやってきました。その結果、彼女は見事にグランプリを制覇して目的を達成したのですが、直後に引退したのです。

その理由は「じつは動物愛護の仕事に昔から興味があったんです。グランプリで優勝するという目標をかなえたのですから、次はまったく違う道で社会のために貢献したいんです」といって、競技からきれいさっぱり離れてしまいました。

また、サッカーJリーグに所属していたある選手は、引退後に大手企業の塗装会社に勤め、実績も残したことから、「次期社長になってほしい」という要請を受けたのですが、その話を断ったのです。「サッカー選手のセカンドキャリアをつくるための営業会社を立ち上げたい」というのがその理由で、本当に新会社を設立し、いまはさらに活動範囲を広げて活躍しています。

彼らに共通するのは、「やらなくてはいけない」という義務感ではありません。「これをやったらおもしろいはずだ」と心からワクワクしていることなのです。ワクワクするというのは、言い換えるなら、「脳がときめいている」証拠でもあるのです。

心がときめいていれば、自分の未知なる潜在能力を引き出せる。その結果、彼らにとって新たなステージで活躍することができる機会を設けたというわけです。

よくプロの世界で実績を残したアスリートがセカンドキャリアづくりに苦労し、なかなか自分のやりたいことが見つからないという話を耳にします。最悪の場合だと自暴自棄になって犯罪に手を染めてしまうというケースもあるくらいです。

彼らに足りなかったのは、まさに「自分の将来像と、いまの自分の姿を比較できなかった」からに尽きます。それでは、なぜプロ選手時代はその能力が遺憾なく発揮できていたのかといえば、何も考えずとも、体が勝手に反応してできていたから。俗にいう天才肌の選手は、えてしてこういうタイプになりがちです。

いまは何も成し遂げていないというあなたでも、大きな目標をつくり、それを成し遂げるために保有能力と発揮能力を伸ばしていくことができれば、どんな分野でも大谷選手のように世の中に影響を与えることだって可能であるということは絶対に覚えておいてください。

□「最強思考」をつくるSBTメンタルトレーニング

大谷選手のように「プロ野球とメジャーの舞台で二刀流で活躍する」といって本当に活躍してしまうような選手は現実的な話として、ほぼいません。

それだけに、大谷選手のすごさが際立っていますが、一方で、大谷選手のように超一流のアスリートが持っている強靭《きょうじん》なメンタルこそが「最強思考」と呼ぶにふさわしいものです。大きな保有能力に加えて高い発揮能力をつくりだすことができるのも、この「最強思考」があるからこそです。

大谷選手にかぎらず、超一流の人が兼ね備えている「最強思考」の特徴をここで挙げておきます。

①最強思考の脳には、明確なモチベーションがある
②最強思考の脳は、「即行動すること」が条件づけられている
③最強思考の脳は、過去ではなく、つねに未来を見ている
④最強思考の脳は、いつも強気である

⑤最強思考の脳には、ネガティブなストレスがない
⑥最強思考の脳は、不安が皆無である
⑦最強思考の脳は、いつもワクワクしている
⑧最強思考の脳は、「すべて自分の責任である」と考えている

これこそが大谷選手の脳なのです。同時に、「私はここにあてはまるものがない」と嘆いている人もいるかもしれません。

けれども、悲観する必要はありません。なぜなら、**どんな人でも心をコントロールする方法をマスターすれば、誰もが大谷選手と同じ脳を持てるようになる**からです。それを可能にしたのがＳＢＴのメンタルトレーニング法なのです。

本書で紹介するメンタルトレーニング法は一般のメンタルトレーニングとは違って、脳のしくみを利用し、もっと深い部分から心をコントロールできるのです。

STEP 2

大谷翔平の「目標設定術」

□「ワクワク感」を持ち続ける

私はSBTの受講者に対して最初にこう問いかけています。

「ワクワクすることを、いまから10個書いてみてください」

すると、全員が思いつくままにスラスラと書いていきます。「カラオケで、みんなと楽しく過ごす」「焼き肉の食べ放題に行く」「彼女とデートをする」……たしかにどれも楽しそうですね。

じつは、このときに正解なのは「**将来の夢が書かれていること**」なのです。それが書かれていないことは、どれも不正解ということになります。自分が目指すべきものが入っていること、たとえば「メジャーリーガーになったときに、どれだけ活躍しているのか」とか、「甲子園に出場したときに、大観衆の前でどんなプレーをしているのか」といったことを書いてもらい、夢に向かって必要なスキルを身につけることが重要なのです。

何度もお話ししていますが、**優秀な人間が兼ね備えている能力のひとつに「ワクワク感」があります。**本番はもちろんのこと、きついと思うような練習でさえもワクワク感を持って取り組んでいるのは、「未来の自分の姿がどうなっているかを想像しているから」なのです。

「ワクワク」とは心の状態を表す言葉です。期待感で胸がときめき、実際に本番でうまくいったら、いっそうの喜びとなっていく。つまり、ワクワクというのは脳がときめいている証拠なので、どんなに苦しいことや、つらいことがあったとしても、脳がプラス思考、言い換えれば肯定的な脳のままでいられます。

この肯定的な脳になったとき、その人の「保有能力」を大きくして「発揮能力」を高めていくことができます。これについては110ページでくわしくお話しすることにします。

□成功への過程を苦労と感じない考え方とは

大谷選手はワクワク感をつくるのがうまい。これは断言できます。

彼は高校3年生の夏の岩手大会の準決勝で高校生史上初となる160キロのストレートを投げて日本の野球ファンをアッと驚かせましたが、誰もが成し遂げていない最高速度のストレートを投げたいという目標がありました。

そのためには、どんなトレーニングを積んでいけばいいのか。**傍《はた》から見ると厳しいと思えるようなトレーニングでも、「最高速度のストレートを投げたい」という目標があるので、本人はまったく苦にしていません。**

それだけではありません。このときから4年後の2016年、大谷選手はクライマックスシリーズで福岡ソフトバンクホークスと対戦したとき、またもやファンの度肝を抜く記録を達成しました。日本球界史上初となる165キロをマークしたのです。

この数字がバックスクリーンのビジョンに表示されたとき、観客席からはどよめきが起こり、ソフトバンクのベンチにいた選手たちは、みんなあきれたように笑っていました。

彼にしてみれば、毎日の練習で保有能力を高め、試合で100%の実力を出すための発揮能力を高めた結果だからと考えているでしょう。でも、多くの人は違います。

「練習って、つらくないですか？　たしかに最速のストレートを投げてみたいとは頭ではイメージしますけど、現実には『やっぱり無理』って思っちゃうんですよね」

こう考えてしまうと、大谷選手のようにはなれません。その違いは「**目標に向かってワクワクしながら練習に取り組めるかどうか**」の差です。

同じメニューで練習しても、一方が肯定的な脳であるのと、もう一方が否定的な脳である場合では、結果はまるで違ってきます。前者は自分にとって必要なスキルが身につきますが、後者はなかなかスキルが身につかないのです。

メジャーで数々の記録を樹立したイチロー選手は、あるインタビューで、こんなことをいっていました。

「本音をいえば、勉強や野球の練習は嫌いです。つらいし、たいていはつまらないことの繰り返し。でも、僕は子どものころから一所懸命に努力するのが好きなんです」

大谷選手も、まさにイチロー選手と同じ考えではないでしょうか。

第1章（32ページ）でもお話ししましたが、**ワクワクさせるものがあって、それを実現するために努力をする。**大谷選手とイチロー選手の考え方から、それを学び取ることができるはずです。

□これから起こることに対して喜びを期待する

大谷選手は、なぜワクワクしていられるのか。それは**「これから起こることに対して喜びを期待しているから」**。これは脳が肯定的になっている証拠でもあるのです。

反対に、ワクワクしないとき、つまり、脳が否定的になっているときには、体のキレが鈍くなり、試合で考えられないようなミスを犯します。練習でも失敗する場面が増え、どんなに練習をしても成果が上がりません。この状態のときは「脳がストレスだらけになっている」といえます。

甲子園を目指す地方大会でいつも1回戦で負けてしまうチームの特徴として、「どうせ1回戦で負けてしまうだろう」と自動的に考えてしまいがちなところがあります。試合に勝つことをあきらめたわけではありません。これまで培ってきた経験から、自然とそういう考えにおよんでしまうのです。

反対に、**優勝する可能性があるチーム、あるいは毎年優勝しているような常連校のチームだと、ひとつ、またひとつと勝ち進んでいく喜びを予感できるため、自然とワ**

クワクしてくるものです。選手たちは肯定的に脳が考えられるようになり、毎日の練習にも積極的に取り組んでいます。

1回戦で負けてしまうチームは、こうしたチームと対戦することが決まると、十中八九、「負け」を予感し、実際にそのとおりになってしまいます。これでは、いつまでたっても負けぐせがついた弱いチームから脱却できないのではないでしょうか。

ただし、例外もあります。いま、まさに弱いチームに所属しているあなたは、ここからが重要です。ここで挙げる例外とは、**心をワクワクさせるような未来の目標をつくったチームだと、勝てるチームへと変貌できる可能性が高まるのです。**

ここで気をつけなければならないことは、人間は忘れることができる動物であるということです。

今日、明日、ワクワクさせることを思いついても、明後日《あさって》になれば忘れてしまっているかもしれない。もっといえば、ワクワクさせることがなくなってしまったら、現実に絶望し、気づいたらストレスだらけの脳になっているかもしれない。だからこそ、脳をつねに肯定させ続けるトレーニングが必要となるのです。

□「他喜力」で自分に「ワクワクできる魔法」をかける

2004年夏の甲子園で初優勝を成し遂げた駒澤《こまざわ》大学附属苫小牧《とまこまい》高校は、まさに例外中の例外で、甲子園で勝てるようになったのは、脳を肯定的にさせることができたからです。

あれは、たしか21世紀に入ったころだったと思います。当時、まったくの無名校だった駒大苫小牧の香田誉士史《こうだよしふみ》監督（2024年より駒澤大学監督）から「チームの強化を指導していただけないでしょうか」と依頼を受け、指導に入ったのです。

私たちが着手したのは「目標を明確化すること」でした。

「君たちは、必ず甲子園に行ける。行くだけでなく、必ず優勝できる。みんなで全国制覇を目指しましょう」

ところが、選手たちはみんな、あっけに取られています。それもそのはず、甲子園はおろか地区大会でも満足に勝ち抜いたことがなかったのですから、どこか他人事《ひとごと》で本気で勝とうと思えなかったのです。

そこで、私たちは全国制覇をより具体的にイメージさせるために「ワクワクさせる魔法」をかけました。

「これまで深紅の大優勝旗が北の大地に渡ったことがない。君たちが優勝旗を北海道に持ち帰れば、北海道の人たちは喜ぶし、活気も出てくる。それができるのは北海道で生まれ育った君たちだけだ」

自分のための目標ではなく、他人を喜ばせるための力、これを私は「他喜力《たきりょく》」と呼んでいるのですが、彼らの脳にワクワクする力が宿り始めました（西田文郎著『他喜力』清談社《せいだんしゃ》Publico刊もご参照ください）。

ほどなくして、香田監督から「選手たちが毎日提出しているノートに『全国制覇』『甲子園で優勝する』と自発的に書いてくる選手が増えた」という報告がありました。まさに未来に向かっての夢が現れて脳がワクワクし始めた瞬間でもあったのです。

未来の目標は私たちをワクワクさせ、脳を肯定的にします。

優秀な人間やチームに共通するのは「ワクワクできる目標があること」。これに尽きるのです。

STEP 3

大谷翔平の「最強思考術」

□目標を実現するために必要なプロセスとは

大谷選手が超一流のメジャーリーガーになれたのは、ワクワクするような夢のある大きな目標を持ち、それを実現させるために、周囲から見てもアホと思えるほど練習を積み重ねてきたからなのです。

打撃練習やピッチング練習に加え、フィジカル面のトレーニング、メンタルトレーニングと、多岐にわたって自分をとことん鍛え抜いた結果、今日の大谷選手をつくりだしたといっても過言ではありません。

ところが、もし夢がある大きな目標を持っただけで、自分自身で努力することをしなければ、たんに「おめでたい人」で終わってしまいます。

じつは、こうしたタイプの人は意外と世の中に多いものです。

最近は夢やワクワク感を持つことが成功者への第一歩と認知されるようになりました。ところが、「ワクワクさえしていれば成功する」と間違った受け取り方をしている人たちもいます。

成功者は夢を実現していくプロセスを重視し、とことん努力します。 夢想家は夢見るばかりで、努力らしい努力はいっさい行いません。両者の差はそれだけ大きいということがいえるのですが、ワクワクするような夢を持ったら、現実化するためのプロセスを明確にさせる必要があります。それが「処理目標」というもので、ひとつ、またひとつとハードルを越えていきます。

つまり、「おめでたい人」で終わらないようにするためには**「夢目標」と「処理目標」の2つが必要である**というわけです。

□やるべきことを明確にする「処理目標」

夢目標は正直なところ、楽しくありません。なぜなら、目標が遠すぎるからです。「目標を立てたのはいいけど、なんだか現実味に欠けるなあ」と思うので、どうしても本気になれない。そのために「処理目標」が必要となるのです。

大谷選手は高校時代から「将来はアメリカに渡ってメジャーリーガーになる」という目標を描いていました。そのために、いまは何をしなければいけないのか。

体力の向上はもちろんのこと、バッティングもピッチングも、両方の技術が抜きん出ていないと世界最高峰の舞台で活躍することはできません。それだけではなく、守備の際の連係プレーの対応力や、ランナーに出たときの状況判断、試合でどんなに劣勢になっても最後まで勝利を目指し、あきらめないためのメンタルタフネス、ミスをしてもすぐに切り替えられるクリアリング能力にいたるまで、すべてがトップレベルでないと通用しません。

そうした自分にとっての課題を「処理目標」としてとらえ、毎日の練習のなかで確

実にこなしてスキルアップしていく。夢目標を現実化するために必要不可欠なルーティンなのです。

これは何もスポーツにかぎったことだけでなくても構いません。ビジネス、勉強、趣味と、あらゆる分野において共通することなのです。

もう一度、お聞きします。

あなたの夢目標は、なんですか？

その目標を実現するための処理目標（必要なこと）は、なんですか？

処理目標をクリアするために、あなたがすべきことは、なんですか？

このように自分に問いかけてみて、いったい、いまのあなた自身に何が必要なのかを書き出してみてください。そのときに出てきた答えが、あなたがすべき「処理目標」となるのです。

□サンリ式「チーム目標設定」に書き込む

まずは、チームの目標設定のしかたについてお話ししていきます。

最初に74ページの図表1にチーム目標の「達成年月日」を書き入れ、達成したときの状態をイメージしやすくするために絵を描く、もしくは写真をうまく利用します。

続いてチーム目標を達成したときの状態を具体的に書き込んでいきます。このとき、達成したときの心理面（感情面）についても具体的に書き出してください。

一例を挙げると、

「目標を達成したら自分たちはどのように喜んでいるだろう。チームメイトと一緒に自分はどんなに喜んでいるのだろう。また、家族は、自分を応援してくれる人たちはどのように喜んでくれるのだろうか」

と想像して書き込んでください。**毎日繰り返しイメージングすることによって、脳に条件づけされていきます。**

夢は見るためだけではなく、摑《つか》むためにある！

【チームの目標を設定する】

チーム目標の達成年月日を書き入れ、達成状態をイメージしやすくするために絵を描くか、写真を上手《うま》く利用する。

そして、チーム目標を達成した状態を具体的に書き込みます。
その達成時の心理面（感情面）も具体的に書き出して下さい。

『目標を達成したら自分たちはどのように喜んでいるだろう。
チームメイトと一緒に自分はどんなに喜んでいるのだろう。
家族は、また、自分を応援してくれる人たちはどのように喜んでくれるのだろうか』と、一生懸命に想像して書き込んで下さい。

長期目標を反復してイメージし続けると、言葉のひとつひとつは忘れることがあっても、思いを込め、想像力を大いに働かせて書いたストーリーは決して忘れることはなく、絵や写真を利用した達成状態とともに鮮やかに脳裏によみがえります。

それが右脳の特徴です。

毎日繰り返しイメージングすることで脳に条件づけされます。

※本書の図表はSBTで実際に使用しているものを本書の読者向けに一部アレンジしたものです。

図表1　チーム目標設定

チーム目標

年　　月　　日達成
絵か写真

チーム目標達成状態を具体的に書き込んで下さい。
その時の心理面(感情面)も具体化しましょう。

□サンリ式「個人長期目標設定」「個人年別目標設定」に書き込む

次に、個人の長期目標を設定します。

80ページの図表2に、あなた個人の長期目標を達成する年月日を書き入れていきます。それを達成した状態をイメージしやすくするために絵や写真を用いて構いません。

このとき、**「いまの自分の実力レベル」というのは無視してください。** どんなに壮大な目標であっても、あるいは他人から見て「それは無理じゃないか」といわれるような目標でも構いません。

その次に、長期目標を達成した状態を具体的に書き込んでください。

達成したときの体力面はどの程度強くなっているのか、技術面はどれくらい上達しているのか、メンタルタフネスはどれほど高くなっているのかについても具体的に書いてください。

一方で、あなたが達成しようとしている長期目標に対して、今後は数多くの否定的な事柄が待ち受けているはずです。多くの場合、人間の脳は否定的な状況に陥ると、長期的な目標達成に対してすぐにマイナスのイメージとなり、「無理」であると判断してしまいます。

そのマイナスのイメージが、あきらめという最悪のバーンアウトを引き起こします。バーンアウトとは、ものごとがうまくいって満足しすぎてしまい、無意識のうちに目標が薄れ、やる気が低下する。あるいは現状になんとなく満足し、より向上するための努力をおろそかにする。すぐ満足してしまう人、満足しやすい人にありがちな現象のことです。

そのため、**設定した個人の長期目標を達成するためには、達成したときの状態を、心理面をともなってイメージし続けなければなりません。**

そのために徹底して具体化していく作業を進めていきます。

さらに、個人の長期目標を達成するまでに、年別に目標を設定していきます。

最初に、82ページの図表3に、個人の長期目標を達成する年月日を書き入れていきます。

このとき、長期目標を達成するまでに成し遂げなければならない毎年の目標を達成年月日とともに具体的に書き込んでいく必要があります。

登山家が山に登るのは、「そこに山があるから」ではなく、山に頂上があり、頂上を征服したところを右脳が鮮明にイメージするからです。山にたとえるなら長期目標が頂上です。

そして、現在の自分とのギャップに脳が反応し、イメージ力が低下しないように、山の中腹である5合目、7合目にあたる中間目標（長期目標までのプロセス）を決めます。それから短期目標を決めてください。

短期目標は、あくまで夢の長期目標を達成していくためのプロセスのひとつにすぎません。多くの人は長期的な目標を持つことができずに短期的な目標で終始してしまいます。

脳に夢（長期目標）が条件づけされていないと、目先の目標が達成できずに失敗に終わってしまったとき、マイナス思考によるバーンアウトによって達成したときの意欲や挑戦しようとする意欲をなくしてしまうということがよく起こりがちです。

反対に達成できたとき、安心や満足感から来るバーンアウトが起こります。バーンアウトしないために、**「夢の頂上にたどり着くために、いまがあるのだ。まだまだこれからだ」と、いつも上を向いてチャレンジするようにしてください。**

あなたの夢の実現に向けて、
希望と勇気を持ってチャレンジして下さい！

【個人的な長期目標を設定する】

あなた個人の長期目標を達成する年月日を書き入れ、達成状態をイメージしやすくするために絵や写真を上手く利用して下さい。個人長期目標を達成した状態を具体的に書き込んで下さい。

その達成時の体力面はどのように強くなっているのか、技術面はどれくらい進歩しているのか、どれほどのメンタルタフネスになっているのか等も想像力を働かせて具体化しましょう。

夢を具体化したものが目標です。

あなたが達成しようとしている長期目標に対して、きっと、今後数多くの否定的な事柄が待ち受けていることでしょう。多くの場合、人間の脳は否定的な状況に陥ると長期的な目標達成に対して直《す》ぐにマイナスのイメージになり、無理であると判断してしまいます。

そのマイナスのイメージがあきらめという最悪のバーンアウト（燃えつき症候群）を引き起こします。設定した個人長期目標を達成するためにはその達成状態を心理面を伴ってイメージし続けなければなりません。そのために徹底して具体化するのです。

図表2　個人長期目標設定

個人長期目標

年　　月　　日達成

絵か写真

長期目標の達成状態を具体的に書き込んで下さい。
体力面、技術面、心理面を具体化しましょう。

結果は必ず後から付いてきます!

【個人長期目標達成まで、年別に目標を設定する】

個人の長期目標を達成する年月日を書き入れます。長期目標を達成するまでに成し遂げなければならない毎年の目標を、達成年月日とともに具体的に書き込んで下さい。登山家が山に登るのは『そこに山が在るから』と言う訳では無く山に頂上があり、頂上を征服したところを右脳が鮮明にイメージするからです。山に例えるなら、最終(長期)目標が頂上です。

そして、現在の自分とのギャップに脳が反応しイメージ力が低下しないように、山の中腹である5合目、7合目に当たる中間目標(長期目標までのプロセス)を決めます。それから短期目標を決めて下さい。短期目標は、あくまで夢の長期目標を達成していくためのプロセスの一つに過ぎません。多くの人は長期的な目標を持つことが出来ず、短期的な目標に終始しています。脳に夢(長期目標)が条件づけされていないと、目先の目標が達成出来ず失敗に終わった時、マイナス思考によるバーンアウトで達成意欲や挑戦意欲を無くしてしまうということがよく起こります。また逆に達成出来た時、安心や満足感からくるバーンアウト(物事が上手くいって満足し過ぎで無意識の内に目標が薄れ、やる気が低下する。あるいは現状になんとなく満足してより向上するための努力をおろそかにする。すぐ満足してしまう人、満足しやすい人に起こるバーンアウト)が起こります。バーンアウトしないために、『夢の頂上のために今があるのだ。負けるものか、まだまだ、これからだ』と、いつも上を向いてチャレンジしましょう。

図表3　個人年別目標設定

個人年別目標

年　　月　　日達成!

年　　月　　日達成
年　　月　　日達成
年　　月　　日達成
年　　月　　日達成
年　　月　　日達成
年　　月　　日達成
年　　月　　日達成
年　　月　　日達成
年　　月　　日達成

□ 成功を決定づける人間の「3つのタイプ」

私たちは人間を3つに分類しています。

①いわれたこと以上のことをする（自主的に動ける）人

②いわれたことしかしない（指示されて動く）人

③いわれたこともしない（叱ったり強制したりして、ようやく動く）人

現場の指導者は目の前にいる人がどのカテゴリーに属するかは一目瞭然だと思いますが、伸びる人は例外なく①となります。

彼らは特段、練習が好きでたまらないというわけではありません。夢目標に近づくには、いま、何をしたらいいのかを自分の脳に問いかけて動いているからなのです。

反対に、②や③のカテゴリーにあてはまる人は自分の脳に問いかけるようなことはしません。だから、練習する意味がわからなければ、練習する喜びも感じないのです。

これは、スポーツの世界にかぎらず、ビジネスや受験にもあてはまります。数年前、私のところに偏差値30台の学生がやってきました。その子の親に聞いたところによると、1日10時間、ゲームばかりやっていて、勉強にはまったく手をつけていないといいます。

私はその子と「目指すべき大学」について話し合いました。すると、その子は「東大に行きたいです」というのです。その理由は「かっこいいから」。

そこで、私は彼にこういいました。

「ようし、それなら東大に入るにはどうしたらいいのか、一緒に考えていこうよ」

といって書き出していくと、1日10時間以上は勉強しないと目標を達成できないことに気づきました。

すると、その子は「だったらゲームなんかしている場合じゃないですよね」といって、それまでゲームに費やしていた時間を勉強に割くようになったのです。その結果、偏差値がそれまで30台だったのが40台、50台、60台と上がっていき、東大を受験できるレベルまで到達したのです。

その彼は東大を受験する予定です。どんな結果になるかはまだわかりませんが、少なくとも偏差値が数年で30以上も上がったという事実は大いに評価できるのです。

彼は一学生であってアスリートではありませんが、「いわれた以上のことをこなす」という意味においてはトップアスリートと同じ脳を持っているといえるでしょう。

自分が想像している以上の高い目標を持ったときこそ、自主的に動けるか、そうでないかの差が、こんなところに表れてくるのです。

□「他責思考」をやめれば肯定的になれる

「詰める能力」とは「伸びる能力」とも言い換えられますが、「自責の発想で考えられる」人ほど無限に伸びていく可能性を秘めています。

目の前で起きたことに対して自分の責任だと考える人は、次のような発想を持っています。

①原因を他人や環境、状況などのせいにしない
②どんなことでも自分の責任ととらえ、自分の課題を発見し、それを克服するための方法を考えている
③過去より「自分の未来」に対する責任を強く意識している
④目標のあるところに責任が生まれることを自覚している

これとは反対に、他人の責任（他責）だと考えている人は不平不満が多く、つねに否定的な脳になりがちです。よく職場や学校で他人の悪口をいっているような人は、そのときは楽しいと感じているかもしれませんが、自分がその場からいなくなったときに自分自身の悪口をいわれているかもしれないということに気づいていないことがあります。

「類は友を呼ぶ」とはよくいったもので、普段から目の前で起きたことに対して他責ばかりしている集団は、組織としても、また、一個人としても成長していかないものです。

アスリートでいえば、どんなに身体能力が高く、すばらしい素質を持っていたとしても、

「こんな練習環境では、うまくならない」

「こんなレベルの低いチームでは、実力を発揮できない」

などと考えているようでは、普段の練習でも否定的な脳でしか取り組めなくなり、いま以上に伸びていかないものです。そして、最後には自分の実力不足を棚に上げ、「もともと素質がなかった」「このスポーツは自分には向いていない」と、みずからの才能のせいにしてしまってあきらめてしまう。

だからこそ、**自責の発想が必要となるのです。**

□大谷翔平が実践した「プラスの問いかけ」

保有能力を大きくして発揮能力を高めるために脳を最強にするには、**つねにプラスの問いかけを行わせます。**

「オレの実力は、こんなものじゃない。まだまだできる」

「今日は本番でミスをした。けれども、反省して練習を積んでいけば、同じミスは二度としない」

「今日はベストプレーができた。明日からも継続してやるぞ」

このときに重要なのは「**ネガティブなことを思い浮かべても、ポジティブなことに変える**」。つまり、プラスの問いかけをするわけです。

たとえば、Column 1（42ページ）でお話しした巨人の桑田投手は、現役時代にマウンドでブツブツ何かをつぶやいているしぐさが話題となりました。彼がマウンドでつぶやいていたのは、「いける。いける。いけるぞ。このまま抑え切ることができる」という、まさにプラスの問いかけでした。

仮にランナーを出したとしても、「大丈夫。次のバッターでダブルプレーに打ち取れる。だからラッキーだったんだ」とプラスの言葉で問いかけている。そのことで心理的に優位に立ち、堂々としたパフォーマンスにつながっていったのです。

これは大谷選手も一緒です。彼に対しては個人指導ではなくチーム指導でレクチャーしていたのですが、

「否定的な考えが出てきたら、それを肯定的な言葉で打ち消してしまいなさい」

と言い続けていました。

彼のマウンドでのたたずまい、あるいはバッターボックスで相手投手と対峙《たいじ》しているときに、おびえた様子や緊張し切った様子というのはいっさい見られません。それを可能にしたのも「プラスの問いかけ」ができているからです。

これは、彼の試合後のコメントからも見て取れます。メジャーでも2023年のWBCでも、「大丈夫。絶対に勝てる」というポジティブな言葉を自分自身に問いかけては投打に活躍し続けました。

繰り返しますが、**最強思考を持っている人は、みんな自分の脳に、つねにプラスの**

問いかけを行っています。つらい練習にも率先して取り組み、今日より明日の成長をイメージしながら成長し、選手としてのレベルがアップしていく。そうして最強思考をつくっていくのです。

STEP 4

大谷翔平の「クリアリング術」

□大谷翔平が持っていた「忘れる能力」

ミスをしたときや結果が出なかったとき。

上司や先輩に怒られたときのいやな気持ち。

こうした記憶は、できるだけ早く消し去りたいものです。なぜなら、私たちの脳を否定的にして発揮能力を著しく低下させてしまうからです。

一流の人は、いやなことはできるだけ早く忘れて切り替える能力が備わっています。それが「クリアリング能力」なのです。

大谷選手にもそのことがいえます。彼は、たとえ投手として相手打者に打たれても、あるいは打者として打席に立って三振を喫したとしても、それを引きずるようなことはありません。それは彼の立ち居振る舞いにはっきり表れています。

三振してベンチに戻るとき、マウンドにいる投手を厳しい表情でにらんでベンチに戻っています。「次は絶対に打ってやるぞ」。そうした固い決意が、はっきり感じ取れます。

これが、うなだれてベンチに戻ったらどうでしょう？　相手チームからしてみれば、「よし、打ち取った」という思いを、よりいっそう強く感じるものです。また、バットをたたきつける行為も一緒です。悔しい気持ちがそうさせているのかもしれませんが、相手にしてみれば、十分弱みを見せてくれたと心理的に優位に感じてしまうものです。

たったいま喫した三振のショックは、できるだけ早く忘れるようにしてください。

SBTでは、これを「**3秒ルール**」と呼んでいます。

スポーツのパフォーマンスは感情によって揺れ動きます。それだけに、感情をコントロールすることは重要なのです。

もし本番で失敗したとしても、3秒以内に「よし、次は絶対にうまくやってやる

ぞ」と自信を持って言葉に出してみてください。溜《た》め息をつくようなことがあれば、3秒以内に切り替えて「よし、次いくぞ！」とポジティブな言葉を口に出してみればいいのです。

大谷選手にかぎらず、一流のトップアスリートと呼ばれる選手に共通するのは、「失敗したことをすぐに忘れて切り替える能力に長けている」点です。その技術をマスターするのもメンタルトレーニングのひとつだということを覚えておくといいでしょう。

□ 成功体験もあえていったん忘れる

ミスや失敗を忘れるのは当然のことですが、**成功したときの喜びも忘れてしまうのがいいのです。**

一度でも成功した体験は次の機会にも生かすべきと考える人もいるかもしれません。じつは、それは大きな間違いなのです。

成功したときの喜びを引きずると、気がゆるんで集中力がガクンと下がってしまいます。それが次の試合でのプレーにおいてミスを誘発させてしまうことだってあるのです。

これは高校野球の世界でもよく起こります。高校野球はトーナメント戦を勝ち抜いた学校が甲子園に出場できます。対戦相手によっては練習試合で何度も勝ち、誰が見ても実力差ははっきりしている……はずなのに、いざ本番の試合でポロリと負けてしまうなんてことは、決してめずらしいことではありません。

こうした結果になってしまうのは、ただひと言、「油断が生んだ」というしかありません。「相手より実力は上だ」という優越感に浸り、「この相手なら勝てる」という自信過剰になってしまったことへの安心感が心のゆるみとなり、ここ一番の勝負での闘争心を鈍らせてしまうわけです。

このようなとき、現場の指導者は「無心になってプレーしなさい」と選手たちに声をかけるものです。けれども、肝心の指導者が「どうすれば無心になれるのか」を説明できないでいることも、めずらしくありません。

過去のミスや失敗だけでなく、成功体験すら頭のなかからクリアリングして消し去り、いま結果を出すことだけに100％集中する。それが無心なのです。

第1章（29ページ）でもお話ししたとおり、大谷選手は、この能力が大変優れていることが心理検査の結果で出ました。実際、高校時代にとどまらず、日本のプロ野球、さらにはメジャーの大舞台に進んでも、たとえ、どでかい本塁打を打っても、あるいは並みいる強打者をバッタバッタと三振に斬って取っても、彼が冷静にプレーしている様子がテレビの画面越しからもわかります。

繰り返しますが、成功したからといって、それを引きずってしまってはいけません。

一度成功したことが次も同じように成功するとはかぎらないからです。**成功するパターンはひとつではありません。何とおりもあります。**そう考えれば、成功の喜びはクリアリングしなければならないという理由も明確になってくるはずです。

□日々の練習でも「忘れること」が必要

クリアリングは、何も本番のときだけの話ではありません。普段の練習のときにも活用しなければならないのです。

その理由は明快です。練習のときにも成功や失敗はつきものです。これはスポーツ選手にかぎらず、ありとあらゆる場面に共通することです。

たとえば、練習で信じられない失敗をしたとしましょう。このとき、それを見ていた指導者から、「何やってんだ。あんなプレーしていたら本番で使えないぞ」といわれたことをいつまでも引きずっていたら、肯定的な脳で練習に取り組むことができなくなります。

その状態で以後の練習を続けても、100％集中できないままでいがちです。これでは選手として自分自身のスキルアップなど見込めません。

だからこそ、普段の練習においても忘れなければならないことがたくさんあるというわけです。

たとえば、強力なライバルが勢ぞろいしているチームにいた場合、すばらしいパフォーマンスをし続ける人もいれば、たまに信じられないようなポカをしてしまう人もいます。

前者の場合は、心をコントロールできていれば問題ありませんが、後者の場合は、ポカによって「まずい。どうしよう」などと焦ってばかりではいけません。**「よし、次は絶対に最高のパフォーマンスをしてやるぞ」とポジティブな言葉で失敗したことを打ち消してしまうことが大切です。**

私が指導を行う際には「夜、寝る前にクリアリングを行うようにしなさい」と指示しています。脳は寝ているときも活動しています。ですから、マイナスな感情を持ったまま眠ってしまうと、翌日もそれを引きずってしまうのです。それを避ける意味でも、**寝る前にクリアリングを行うことは、とても有効なことなのです。**

失敗は人間である以上、誰にでもつきものです。そのことで上司や先輩に叱られたからといって悲観的になるのではなく、「よし、次こそは最高のパフォーマンスを見せてやるぞ」とポジティブな気持ちを前面に出すことを心がけることが肝心なのです。

□毎晩、寝る前に必ず「クリアリング」を行う

チームプレーの指導をしていると、よく次の言葉を使う人に出会います。

能力を伸ばせない最大のリスクとなる言葉です。とくに結果を出していないチーム、毎年1回戦で敗れてしまうようなチームはよく使いがちなのです。

「どうせ無理だ」

以前、静岡聖光《せいこう》学院高校ラグビー部の指導にあたったことがありました。このとき、選手たちは「オレたちが花園《はなぞの》（全国高等学校ラグビーフットボール大会）出場ですか？絶対無理ですよ」と口々にいっていました。

無理もありません。それまでのラグビーの静岡代表といえば、昭和の時代は清水《しみず》南《みなみ》高校、平成に入ると東海大《とうかいだい》静岡翔洋《しょうよう》高校（1999年に東海大第一高校と東海大工業高校が合併）が圧倒的な力を誇っていました。

対する静岡聖光学院は、それまで花園はおろか、私が指導する3年前は人数も足りず、他校との合同チームのレベルですから、花園なんて夢のまた夢だったのです。そ

のうえ、練習はグラウンドが野球部やサッカー部など、ほかの部活動と併用のため、試合場の5分の1のサイズで、1週間のうち2日しか行えず、しかも1日1時間程度しか練習できないという劣悪な環境でした。

そこで、私は「**わずかな時間しか練習できないけれども、それ以外の時間をラグビーの練習にあてることはできないか、考えてみよう**」と提案してみると、選手たちは昼休みに視聴覚室に集まって対戦相手の試合の「イメージトレーニングをやってみよう」ということになりました。

それから、私は彼らにプラスの情報を与え続けていきました。「どうせ無理だ」ではなく「できるかも」。さらには「オレたちは絶対に花園に行くんだ」というレベルまで意識を変えていったのです。

その結果、指導を始めた1年目の2009年、静岡聖光学院は初めての花園出場を果たしました。これは、いまでも「静岡の奇跡」として静岡のラグビーファンに語り継がれています。

その後、静岡聖光学院は翌年も2年連続で花園出場を決め、2023年までのあいだに8度の花園出場を果たし、静岡県内でも有数のラグビー強豪校として知られるようになりました。

自分の未来を信じ切るためには、「どうせ無理だ」という記憶を脳から消し去らなければなりません。そのためには、脳に蓄積されたデータを変えること。それが簡単にできるのがメンタルトレーニングだというわけです。

STEP 5

大谷翔平の「リベンジ思考術」

□「素直な負けず嫌い」と「ひねくれた負けず嫌い」

優秀な人に共通していること。それは**「素直な負けず嫌いである」**ことです。負けず嫌いでなければ優秀にはなれない。これは誰もがわかることです。そのうえ、「素直」でなければいけません。負けず嫌いには「素直な負けず嫌い」と「ひねくれた負けず嫌い」の2つがあるのです。

負けたときの悔しさ、あるいはライバルに勝てなかった悔しさをバネにして「次は絶対に勝ってやる」という気持ちを持つのは大切です。このとき、「次の機会には相手に必ず勝つという目標を立て、勝ったイメージをする」「相手に勝つには、どんな練習をすればいいのか」

を考えて実行する。

大谷選手はもちろんのこと、トップアスリートと呼ばれる人たちは、たとえ相手に負けることがあっても、それをバネにしてリベンジを果たそうと、前向きに練習していくものです。

ところが、「ひねくれた負けず嫌い」の場合は違います。

「あいつをどうにかして蹴落としてやろう」

「ケガをさせて満足にプレーできないようにしてやるぞ」

などと負けたことの腹いせに「相手を困らせてやる」という意識が強く働くのです。

たしかに、そのときは勝てるかもしれません。けれども、長い目で見れば、こうした勝ち方は真に培った実力ではないので、今度は違う強力なライバルが出てきたときに同じような負け方をしてしまいます。これでは本当の意味での成長はできません。

ひねくれているというのは、言い換えれば「脳が否定的になっている」証拠でもあり、**素直というのは「脳が肯定的になっている」証拠です。**同じ負けず嫌いでも、両者は大きく違うのです。

□根拠はなくても「大丈夫」と口にする

ストレスは人間にとって大きな敵です。ストレスとは典型的なほど「脳が否定的になっている」証拠でもあり、症状が悪化すると自律神経が乱れ、自暴自棄になったり、意欲が低下したりと、精神面の不安が増大してしまいます。

これは強力なライバルだけではありません。チーム内にだってストレスを発生する要素はあります。上司や先輩といった指導者たちであり、チーム内のライバル選手たちだってそうです。上司や先輩に不満を持ち、適切なアドバイスさえ耳を傾けられないようになると、重症化する一歩手前の状態です。

プロのアスリートやオリンピッククラスの選手も、指導者とソリが合わず、どんどん成績が低下していったというケースはよくあることです。また、チームを統率するキャプテンやライバル選手に不満や反感を持つ選手は結構います。

けれども、そうした心理状態で練習に参加しても、よりいっそうストレスが増大するだけで、いつも否定的な脳の状態でいるので、練習の成果が上がらないものです。

このような状態のまま夜に眠ってしまうと、「今日も練習か。いやだな」という思いを持ち続けたまま朝がスタートします。これでは、昨日より今日のほうが、さらに脳が否定的になってしまっているので、どこかでマイナスな感情を断ち切らなければなりません。

脳は寝る直前の情報が「重要である」と認知し、記憶してとどめておこうとする特徴があります。ですから、寝る直前には、いいイメージを思い浮かべ、ポジティブな感情をつくりだしてから眠ることで、翌朝はプラスのイメージを持ったまま起きることができるのです。

ストレスに負けないためには、いかに脳を否定的なものから肯定的にできるかにかかっています。そのためにも、**布団に入る前には必ずいいことをイメージし、「大丈夫。明日からは絶対にうまくいく」とポジティブな言葉を口に出してから眠りにつくようにしてください。**

このときに大切なのは、根拠がなくてもいいから、「大丈夫」と決意を口にして、感情もそう思えることが大切です。

□不満の思いを「感謝の思い」に変える

「不満」と「感謝」は表裏一体である。じつは、これに気づいていない人は想像以上に多いのです。

トップアスリートと呼べる選手のなかでも、スランプに陥ったとき、指導者や環境に対して言い訳をしていると、実力がどんどん落ちていってしまいます。脳に対して「不満」というストレスを持っていると体のキレが悪くなり、身体能力だけでなく、とっさの判断力までもが低下してしまいます。

これに気がついたのはボクシングでＷＢＡ（世界ボクシング協会）とＷＢＣ（世界ボクシング評議会）のミニマム級（47・６２７キロ以下）の世界チャンピオンとなり、現在は日本ボクシング協会の会長を務める大橋秀行《おおはしひでゆき》さんです。

大橋さんは自身でボクシングジムを経営していますが、サンリの能力開発研究所を訪れたのは、大橋ボクシングジムで21歳になる直前にボクシングを始めた川嶋勝重《かわしまかつしげ》選手のＳＢＴ年間指導の依頼でした。

じつは、大橋ジムで最初の日本チャンピオンになり、最初の世界チャンピオンになった選手でもありますが、アドバイスのなかで「**トップアスリートは誰も油断はしていない。何が怖いかといえば、脳に不満があることだ**」ということを伝えました。だから、ここから何があっても、身近でサポートしてくれている大橋会長には徹底的に感謝しなさいと指導しました。21歳になる直前にボクシングを始めたくらいですから、もともとの素質ではなく、脳に不満ではなく感謝を持ち続けてチャレンジした結果、世界チャンピオンになる夢までたどり着いたのです。

現在、大橋ジムには世界4階級制覇し、歴代チャンピオンのなかでも史上最強といわれる井上尚弥《いのうえなおや》選手がいます。もちろん、井上選手の高いボクシング技術と優れた身体能力も称賛に値するものですが、彼の発言を聞いていると、大谷選手と同様に「素直な負けず嫌い」であることがわかります。

対戦相手の選手に対して挑発する行為や言動はまったくせずに、つねに相手をリスペクトした発言をしている。仮に相手が挑発してきても、井上選手はその言動にはまったく反論しようとせず、「ベストなボクシングをお見せしたい」という前向きな発言をしている。

不満の思いを感謝の思いに変えることの重要性がわかっている大橋さんが指導していることもあって、「強いボクサーであるには、どう振る舞うべきか」にいたるまでアドバイスされているのではないかと私は見ています。

あなたも、いま、大きな不満を持っているようでしたら、少しずつでいいので、感謝の気持ちに変えてみてください。たとえば、毎日、家でご飯が食べられる環境にいることに感謝をするということだって構いません。小さな感謝を一つひとつ積み上げていけばいいのです。

毎日ご飯が食べられることに感謝。

仲間がいることに感謝。

親が応援してくれることに感謝。

空のコップに一滴ずつ水を入れていくように、**コップに一滴一滴、「感謝」を垂らしていく。それが満タンになってこぼれ出たら、自然と感謝できる気持ちが湧いて出てくるようになります。**

□ 成長するために必要な「4つの能力」

この本を読む前は、「一所懸命に練習していれば、スキルアップして一流の人になれる」と考えている人は多かったと思います。けれども、「それは違う」ということは、すでに気づいているのではないでしょうか。

一流の人とは、大きな保有能力を持った「伸びる人」であること、高い発揮能力を有して「活躍できる人」のことを指します。

保有能力を大きくして発揮能力を高めるには、以下の4つが必要です。

①素直な負けず嫌いである
②ワクワクする目標を持っている
③その目標に近づくための「詰める能力」を持っている
④クリアリング能力を持っている

これを身につけるには、人間的な成長が求められます。技術さえあればいい、身体能力が高ければいいという考えのみで普段の練習から取り組んでいるだけでは、必ず技術的限界がやってきます。そのとき、人間的な成長がなければ乗り越えることができず、「もうダメだ」と、さじを投げてあきらめてしまうのがオチなのです。

SBTでは「社会的成功」と「人間的成功」の2つを必ず追い求めるようにと指導しています。

社会的成功とは、オリンピックで金メダルを獲る、ビジネスマンなら売上ナンバーワンを目指す、受験生なら志望校に合格することなどが挙げられます。

もうひとつの**人間的成功とは、「なぜ、そこにたどり着く必要があるのか」「その目標を達成したら、あなたはどうなっていたいのか」を指します。**「勝てば何をしたっていい」「お金持ちになれれば、なんでもいい」といった短絡的な考えでは、一時的には成功しても長続きしないため、必ずどこかで破綻してしまいます。

私はそうした人間にはなってもらいたくないので、どんな分野においても、成功するには人間的な成長が必要だと説いているわけです。

競技力の高さは私たちの心とイコールなのです。大谷選手は、その点を理解しているからこそ、社会的成功と人間的成功を追い求めることができたのです。

Column

2

女子ソフトボールチームを金メダルに導いた「長期目標設定」

2008年の北京《ペキン》オリンピックで金メダルを獲得した女子ソフトボールチーム。その4年前のアテネ・オリンピックでは銅メダルに終わっただけに、喜びもひとしおでした。

1996年のアトランタ・オリンピックで女子ソフトボールがオリンピックの正式種目になってから金メダルを獲得したのはソフトボール発祥の地といわれるアメリカのみ。それだけに、日本が金メダルを獲れたことは快挙と呼ぶにふさわしい出来事でした。

彼女たちの指導に入ったのは北京オリンピックが始まる1年半前のこと。このとき、「みんなが目指しているものは何？」と問いかけると、「もちろん金メダルです！」と威勢のいい言葉が返ってきました。

そこで、私たちは彼女たちに続けて質問しました。

「なんのために金メダルを獲るの？　金メダルを獲る目的はなんだろう？」

すると、誰もがその目的について答えられずにいたのです。

そこで、最初に取り組んだのが長期目標の設定についてでした。

「なぜ、オリンピックで金メダルを獲る必要があるのか」

このとき、みんなが思いついたのは、北京オリンピックを機に女子ソフトボールが正式種目でなくなること。その最大の理由は「アメリカだけしか勝てないから」だからです。

つまり、「オリンピックで日本が勝たなければ女子ソフトボールは永遠に正式種目から外れてしまう。オリンピックを目指して頑張っている子どもたちの夢をなくしてしまう」ということに彼女たちは気がついたのです。

そこで、彼女たちは長期目標を「世界一になる」。目的を「子どもたちの夢をつなぐ」という設定をしました。

69ページでもお話ししましたが、目的を欠いた目標は空想で終わってしまいます。逆にいえば、目的がはっきりすれば、目標はより明確になるというわけです。

この大会が終わったあとのインタビューで、エースの上野由岐子《うえのゆきこ》投手は、こう答えていました。

「背負っているものが自分だけの思いだけじゃなかった。人のためだからこそ頑張れた」

人は自分だけの目標だけで前に進もうとすると、どこかの段階でつまずいたときのあきらめや、逃げたくなる弱気な気持ちが出てきてしまいます。けれども、他人を喜ばせようとする目標に設定を行うと、どんなに困難な状況でも、どうにか打破しようと、ポジティブな力が湧いてきます。

13年後の東京オリンピックで女子ソフトボールが13年ぶりに復活し、日本は２００８年に続いて金メダルを獲得し、連覇を成し遂げました。このとき、39歳になった上野投手が口にしていたのは、

「誰かのために投げたい。みんなの期待に応えたい。ただそれだけです」

という言葉でした。

長期目標をつくることは誰でもできることです。このときに忘れてならないのは、「目標を達成するための目的はなんだろう?」ということです。このときに掲げる目的は、「誰かのために成し遂げる」という思いであれば、どんなに遠く離れた目標であっても努力し続けることができるのです。

ちなみに、上野投手はサインを書くときに、色紙に「成信力」と書き添えているそうです。日本テレビの番組「ＰＯＷＥＲフレーズ」（２０１９年１月６日放送）でも、上野投手は「成信力＝精神力」を自身のＰＯＷＥＲフレーズとして紹介しています。

第 3 章

大谷翔平が成功を引き寄せたメンタル術

STEP 1

成功に必要な「脳のしくみ」を知っておく

□結果を出す人は「体」より「頭」を使っている

ここからは、SBTで指導しているメンタルトレーニングのやり方について具体的にお話しししていきたいと思います。

ほとんどの人は「スポーツは頭ではなく、体でするもの」だと考えているはずです。よくスポーツの能力は優れているけれども勉強はまったくできないという選手がいますが、それだけで「勉強はできない」というレッテルを貼ってはいけません。**どんな競技であれ、スポーツを行うときには脳全体を使ってイメージ力、分析力、感情のコントロールを行い、体を酷使します。**つまり、体を動かしているのは脳なのです。

しかも、ただ体を動かせばいいというわけではありません。どれだけ俊敏かつイメージどおりに正確に動かすことができるかが問われてきます。筋肉がイキイキと動かなければ、体もスムーズに動かせず、俊敏さや正確さを欠いてしまいます。

たとえば、投手のピッチングです。ピッチングは投球モーションに入ると、腕や肩はもちろんのこと、上半身から下半身にいたるまで全身の筋肉を使って投げます。手の指先から足の爪先まで、すべての筋肉をバランスとタイミングをうまく組み合わせて動かすのは脳からの指令によるものです。

けれども、緊張や気負いがあれば、筋肉がこわばり、余計な力が入ってしまうため、ストライクゾーンにボールが投げられなくなったり、甘いコースのボールを打者に痛打されたりと、思い描いていたピッチングができなくなってしまいます。

それに、ピッチングの技術を向上させるための毎日の練習も、一日一日、課題を設けてスキルアップしていくことが必要ですが、**意欲を湧かせるのも、反対に意欲を失わせるのも、脳の働きによるところが大きいのです。**そう考えると、「スポーツは体でするものではなく、頭でするもの」であることが理解できるはずです。

そこで知っておきたいのが、これからお話しする脳のしくみについてです。

□「3階建て」の脳のメカニズム

どのように脳を使えば効果的に働くのか。それを知る意味でも脳の構造を知っておく必要があります。

人間の脳のしくみはシンプルで、「大脳新皮質《しんひしつ》」「大脳辺縁系《へんえんけい》」「脳幹《のうかん》」の3つに分かれています。

最初の大脳新皮質は119ページの図表4のいちばん外側にある部分で、SBTではここを「知性脳」と呼んでいます。

次の大脳辺縁系は喜怒哀楽などの感情をつかさどる働きをしており、このなかにある1・5㎝ほどの小さなアーモンド形の脳を「扁桃核《へんとうかく》」と呼び、快・不快の感情が発生します。SBTでは大脳辺縁系を「感情脳」と呼んでいます。

最後の脳幹は脊髄の上にある小さな脳のことで、必要なホルモンの分泌を指示し、体温や血圧、呼吸数、脈拍などの生命活動をコントロールしています。SBTではこの部分を「反射脳」と呼んでいます。

図表4　脳は瞬時に三層全体反応!!

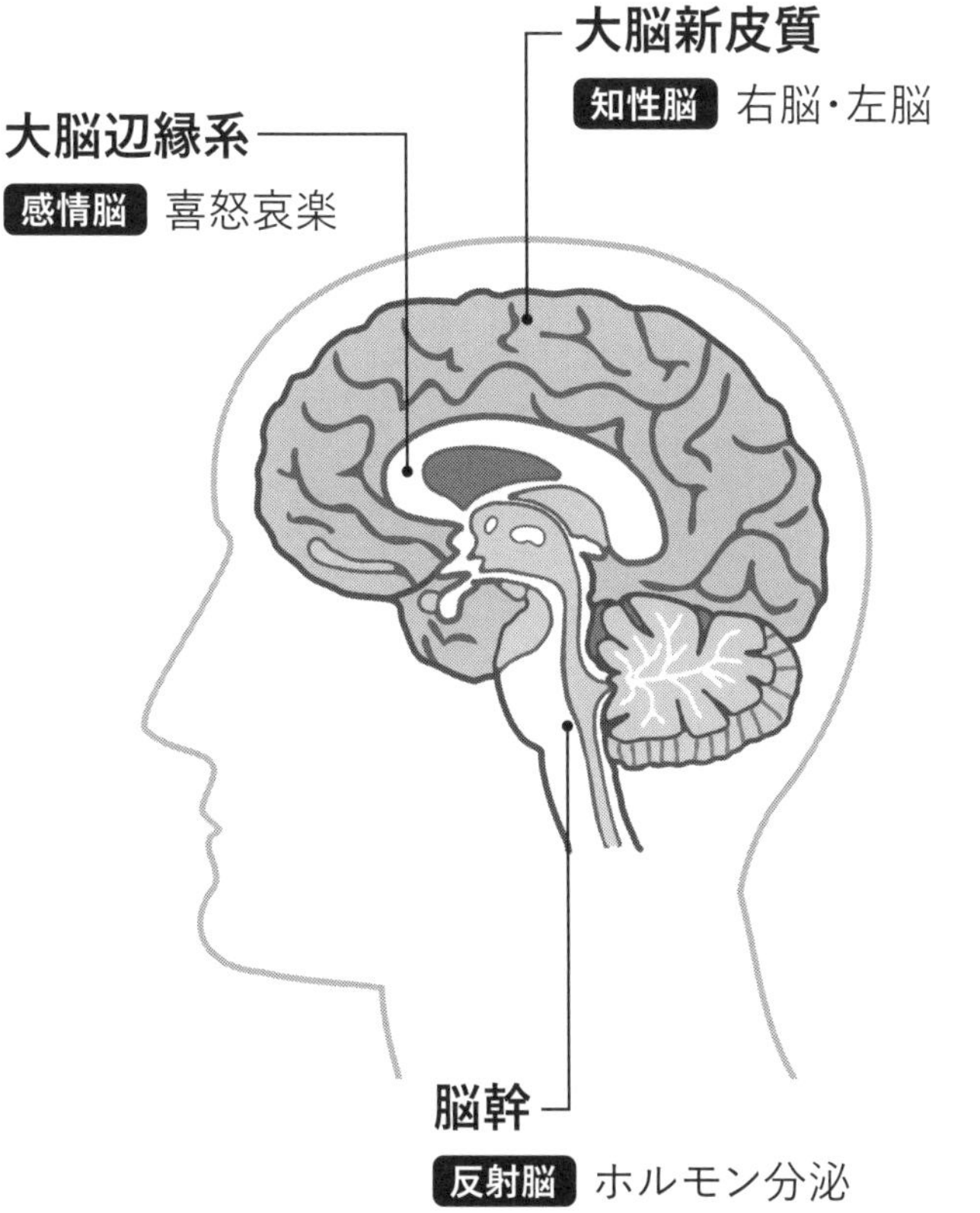

たとえば、ここでいうホルモンには、闘争ホルモンであるアドレナリン、やる気ホルモンであるドーパミン、幸せホルモンであるセロトニンなどがあります。

さらに、**SBTでは脳は「3階部分＝知性脳」「2階部分＝感情脳」「1階部分＝反射脳」の「3階建ての構造になっている」と指導しています。**

最初にお話しした3階部分の「知性脳」は賢い脳です。五感から来る刺激を情報として受け入れ、瞬時に分析や判断し、直後にデータとして記憶します。

野球で例を挙げると、無死満塁で打者が外野に浅いフライを打ち上げたとします。このとき、三塁走者は「タッチアップで走ってもホームに間に合わない」と判断して三塁にとどまる。こうした判断を瞬時に行うのが知性脳の役目です。

一方、1階部分の「反射脳」は状況に応じてホルモンを分泌するので、緊張や不安、いらだちなどの原因をつくっているのです。つまり、本人の意思というより感情に左右されてしまう特徴があるので、体調を変化させ、パフォーマンスが発揮できない原因をつくっているというわけです。

2階部分の「感情脳」は私が最も重要視している脳の部分です。試合に勝てば最高にうれしい感情が湧いてくる。次の試合へのモチベーションになるのも、この感情脳が働いているからです。

反対に、「いやだな」「この状況から逃げたいな」というネガティブな思いが募るのも感情脳の働きによるものです。感情脳で生まれたネガティブな感情は即座に1階部分の反射脳に伝えられ、すぐさま全身に危険信号を伝達します。

このとき、3階部分の「知性脳」にもこの信号が伝えられます。ネガティブな感情が知性脳の働きを低下させてしまった結果、緊張と興奮で、自分の体が思うように動けなくなってしまうというわけです。

□感情は右脳と左脳の連動から生まれる

続いて脳を正面から見ていきます。大脳新皮質は真ん中に大きな溝があることで、右脳と左脳に分かれます。

右脳はイメージをつかさどる「**直感脳**」です。感覚やイメージを担当し、「将来を考える脳」とも呼ばれています。一方の左脳は分析し、判断することをつかさどる「**理屈脳**」です。言葉や意識に関連して論理的な面がある一方、「過去を考える脳」でもあります。

このように、知性脳である大脳新皮質は「直感脳」と「知性脳」の2つから構成されているわけです。

そして、**右脳には「イメージして覚えた情報は大量かつ忘れられないほど深く記憶できる」という能力が備わっています。**

「小学生のとき、運動会のリレーで転んでしまった」

「中学生のとき、合唱コンクールで音程を外して大恥をかいた」

図表5　右脳と左脳は連動している

右脳	左脳
感覚的	論理的
総合的	分析的
イメージ、勘	意識
（将来を考える）	（過去を考える）

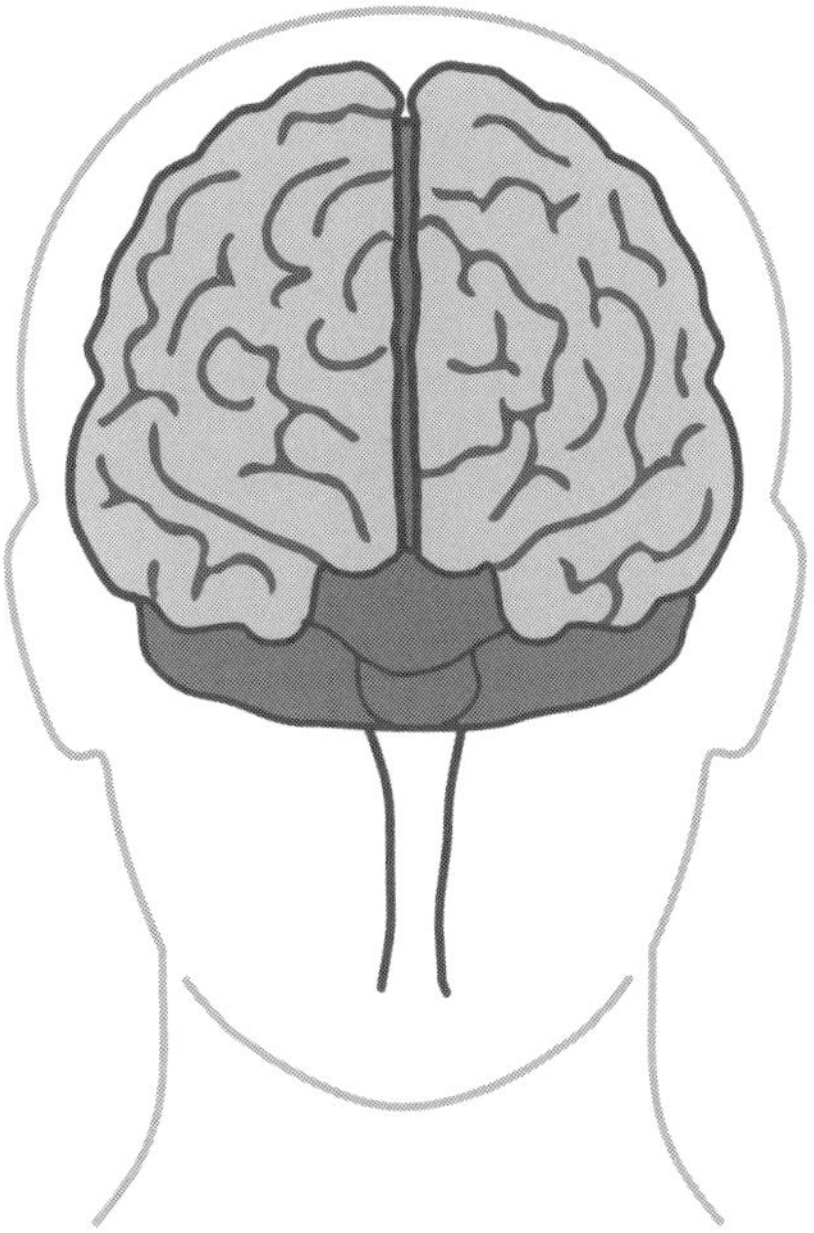

「高校生のとき、クラスの人気者に告白したら、見事に玉砕した」
「大学生のとき、アルバイト仲間と旅行に行ったら、宿泊したホテルが火事になった」

これらの出来事は普段は記憶の奥底に眠っていますが、たんに懐かしい思い出ということだけでなく、そのときの感情が一緒に記憶に残っています。

しかも、注目すべきポイントは、
「マイナスの感情ほど記憶に定着して、なかなか忘れない」
「マイナスの出来事のほうがプラスの出来事より印象が強い」
ということです。

よく、相手からいわれたいやなことは、相手は覚えていなくても、いわれた当人はあとあとまでしっかり覚えているということがあります。また、人の悪口をいっているような人は普段からマイナスの感情に包まれているので、普段から一緒にいるだけでマイナスの感情が湧いてきてしまいがちです。

このように、右脳が取り込むものは圧倒的にマイナスになるものが多いわけですから、人生を長く生きた人ほど、新しいことを始めようとすると右脳からネガティブなイメージが湧いてきて、理屈脳である左脳が「やっぱりできない」と結論づけてしまうのです。

そこで、「できない」ではなく「できる！」に思えるようにするには、120ページでもお話しした2階の感情脳が重要となります。

感情脳には「扁桃核」と呼ばれる大切なセンサーがあります。これが脳に快（うれしい、楽しい、好き、気分がいい）か不快（悔しい、苦しい、嫌い、気分が悪い）かを判断して脳に指令を送ります。

快を感じれば、結果はいい方向に転がる確率が高くなりますし、反対に不快に感じれば、結果は悪い方向に転がる傾向が強くなりがちになるわけです。

□脳をマイナスの感情から解放する

マイナスの感情になるということは、感情脳の扁桃核が不快になっているからです。2階部分の感情脳から発せられた不快反応を1階部分の反射脳が感知してマイナスのホルモン分泌を促し、3階部分の知性脳が働いてマイナス思考へと導いてしまうわけです。

このとき、「感情と思考の一体化」という作業が行われ、そのときに起きた出来事と感情をセットにして記憶にとどめようとするわけです。

一方で、**扁桃核を「快」にして脳のなかから「やる気ホルモン」といわれるドーパミンが分泌されることで、脳のなかがワクワクで満たされて、意欲的に行動したくなるというわけです。**

一例を挙げると、パチンコ店にいるパチプロがこれにあたります。彼らはギャンブラーで、お店がオープンすると同時にパチンコを始めたいがために、開店の1時間以上前からお店に並び、いざ、お店がオープンすると、パチンコ台の目利きをして玉が

よく出るであろう台に座るやいなや、一心不乱にパチンコを打ち続けます。

彼らは、お昼になっても近くのコンビニエンスストアであらかじめ買っておいたおにぎりやサンドイッチなどの軽食をほおばり、わずか10〜15分後には自分が選んだ台に座って閉店間際までパチンコをしています。

傍から見れば、「そんなにパチンコに熱中して、何がおもしろいの？」と思うかもしれません。けれども、彼らにしてみれば、ある意味、生活をかけてパチンコをやっているのですから、台の目利きも鋭くなってきます。

これをスポーツやビジネスにもあてはめればいいのです。つまり、**パチプロのように「楽しい」「いつまでもやっていたい」と思える感情がなければ、絶対に結果を残すことができないというわけです。**

つまり、マイナスの感情に脳が支配されないようにするためには、扁桃核を快にして、できるかぎりたくさんドーパミンを出させればいいのです。

□「不快」を「快」に切り替える方法

心を自由自在にコントロールするのはなかなか至難の業ですが、**「快・不快の脳」と呼ばれる扁桃核を快にすることで、脳を肯定的にできるのです。**

そこで、次の3つのケーススタディーで、扁桃核を不快の場合と快の場合とで思考の違いについて見ていきます。

①強敵が現れたとき

不快の場合＝「どうしよう。このままでは試合で勝てない」→闘争力とパフォーマンスが低下する。

快の場合＝「絶対に勝ってやる」→闘争力が強化され、パフォーマンスが向上する。

②ピンチの場面が訪れた場合

不快の場合＝「どうしよう。困ったぞ」「まずい。相手の流れを止める自信がない」→不安、緊張、気負い、パフォーマンスが低下する。

快の場合＝「さあ、勝負はここからだ」「絶対にここを切り抜けるぞ」→パフォーマンスの向上と、ほどよい緊張感が保てる。

③練習のときに起きる気持ち

不快の場合＝「とにかくいやだ」「つらい。この場から逃げたい」→集中力がない、サボりたくてしかたがない。

快の場合＝「楽しいぞ」「おもしろくてワクワクするな」→集中力がある、自主的に動いて練習を守《も》り立てる。

このように、**不快になっている扁桃核を快に切り替えることができれば、ピンチの場面であってもパフォーマンスが向上し、つらいと感じていた練習でさえ楽しいものとなっていくのです。**

それでは、どうすれば扁桃核のスイッチを不快から快に変えられるのか。

その答えは、**扁桃核のスイッチが快となるような肯定的なデータを脳に入力するだけでOKなのです。**

そうすれば「感情」「イメージ」「思考」「行動」といった出力部分が変わってくるというわけです。

□大谷翔平が「スイッチの切り替え」が上手だった理由

大谷選手の最大の長所は、どんな局面においても感情の切り替えが容易にできること。

とくにメジャーの舞台に行ってからは、それが顕著に表れています。

たとえば、「投手・大谷」がストライクだと思って投げ込んだ球を球審に「ボール」と判定された。このようなとき、大谷選手は「ＷＨＹ？」と大きくジェスチャーで示すこともありますが、喜怒哀楽を激しく前面に出すようなことはしません。

それというのも、ストライク、ボールの判定について球審に激しく抗議をしたところでそれが覆ることはありませんし、あまりにも露骨に抗議を続けているようだと、この試合以降、多くの審判から「彼の態度には問題がある」と見られ、際どいボールは、すべて大谷選手が不利になるような判定をされてしまう可能性だってあります。

もちろん、大谷選手だって、いいたいことはあるでしょう。でも、一瞬で気持ちを切り替え、「よし、次」と行くことのほうが勝負に対する集中力が増すという意味では大切なことなのです。

2023年春に開催されたWBCで大谷選手とともに戦った中日《ちゅうにち》ドラゴンズの髙橋《たかはし》宏斗《ひろと》投手は、どんな心境で打者と対戦しているのかについて大谷選手と話をした際、こういわれたそうです。

「オレのピッチングは参考にしないほうがいい。ただがむしゃらにストライクゾーンへ投げ込んでいるだけだから」

つまり、目の前の打者に対して一球一球、全力で投げ込んでいるからこそ結果を恐れることがなくなるというわけです。また、相手打者を遮二無二《しゃにむに》打ち取ろうとする大谷選手の姿勢からは、球審のジャッジひとつで心理的な焦りを生んだり、ひるんだりということがないことがうかがえます。

大谷選手が感情の切り替えがスムーズにできるのは、こうした点を見逃してはなりません。

STEP 2

脳にプラスのデータをインプットする

□なぜ、「勝てる」と思った時点で勝っているのか

相手の名前を聞いて「負ける」と感じたときは高い確率での負けが確定です。

対峙する相手が決まったとき、あなたはどんな感情が浮かんでくるでしょう。「よし、勝てるぞ」なのか、それとも「ゲッ、いやな相手だなあ」なのか。**前者の場合は油断さえしなければ勝てる可能性が高まりますが、後者の場合は負ける可能性のほうがグンと高くなります。**

なぜ、「いやな相手」だと思うのか。理由は明快で、これまでに何度も負けているからです。過去にインプットされている脳のデータが即座に「不快」と判断する。負けてしまったことは逃げようのない事実ではあるのですが、それより別のデータまで

も入力してしまっていることが多いのです。

「うわっ、すぐに負けるぞ」「これは絶対に勝てない」。つまり、思いやイメージは新しいデータとして再入力され、扁桃核の判断がさらに強化されてしまうのです。つまり、マイナスデータが蓄積され続けてしまうと、ますます相手が強く思えてしまうものですし、「とても勝てそうにないや」と対戦する前から一方的に白旗を揚げてしまうのです。これでは勝負には勝てません。

これは野球やサッカーのようなチーム競技にかぎった話ではありません。ゴルフやテニス、卓球、バドミントンといった個人競技にもあてはまる話なのです。

このときに大事なのは、**負けた経験を思い出した際には、「ダメだった」ではなく、「次は必ず勝つ」という思いを強化することです。**これを何度も繰り返していくと、「勝ったときのイメージ」がより鮮明となり、喜ぶ姿もイメージも湧いてきてワクワクしてきます。その結果、それまで浮かんでいた負ける姿のイメージが払拭され、いつの間にか相手を圧倒している姿を思い描けるようになります。

じつは、ここに「プラスのデータ」を入れ続ける意味があるのです。

□ウソでもいいから「プラスの言葉」を言い続ける

たとえ状況が最悪でも前向きに考え続けられる人こそが「プラス思考」です。

本番で大失敗したとき。みずからのミスが致命傷となって負けたとき。

普通なら、落ち込んだり、投げやりになったりするものです。やすやすと「よし、この負けは絶対、次に生かしてやるぞ」「次はミスをなくそう」と思えるものではありません。

そこで、ウソでもいいので、プラスのデータを脳に入れ続けてみてください。何度もお話ししていますが、ウソで構わないのです。「この次こそは、うまくいく」「オレは次の試合で必ず活躍できる」と思い込み、声に出してみる。口から出た言葉は脳に再入力され、何度も何度もそれを繰り返していると、やがて脳がだまされてしまい、プラス思考に変換されていくのです。

「この試合はオレのミスで負けた。でも、次は絶対にうまくいく」

そう自分に言い聞かせるたびに、言葉がそのまま脳に再入力されていき、脳への問いかけが始まります。「そのために努力するぞ」「詰める作業が必要になってくるな」という気持ちになっていき、プラス思考になっていく。やがて、どんな困難な状況が訪れても「大丈夫。心配ない」と思えてしかたがなくなってしまうのです。

プラスのデータを入れるうえで、最高の言葉があります。

それは、「ツイてる」という言葉。

ウソだと思って試してみてください。いま、ものすごいピンチの状況でも「ツイてる」。絶不調のときでも「ツイてる」。

ツキや運は人間の想像をはるかに超えた超自然が生み出したパワーです。大きな力に守られているような錯覚になり、不思議と自信が湧いてくるのです。

このことはスポーツの世界にかぎった話ではなく、ビジネスや勉強においても同様で、どんなに逆境にいても成功する人は「オレはツイてるぞ」と思っているので、不満など微塵《みじん》もなく、脳が肯定的になっています。最終的には、それまで絶望的だと思われた幾多の困難を乗り越えて成功者となってしまう。プラスの言葉を入れ続けることで成功への扉が開くというわけです。

□「イエス、バット」のセルフトークを行う

SBTで行うトレーニング法のひとつに「**イエス・バット法**」というのがあります。これは脳に生まれたマイナスイメージやマイナス思考を肯定的に切り替える方法です。

たとえば、試合でピンチに立たされたとき、「しまった。これはまずいことになったな」という不安に襲われると、「大丈夫。絶対にうまくいく」と思いたくても、なかなか思えないものです。

そこで、「YES」と受け流します。「**YES（そうだ）、本当に困った**」とマイナスの思いを承認したうえで、考え方のポイントを変えるのです。

「**しまった。これはまずいことになったな。YES（そうだ）、うまくいかないかもしれない。BUT（けれども）、相手だって大丈夫かなと不安がっているはずだ**」

「**BUT（けれども）、ここが正念場だ。自分を信じてやるだけだ**」

つまり、「マイナス思考はダメ」なのではなく、「マイナスをいったん承認してから、次にプラス思考に変えていく」のが「イエス・バット法」なのです。

たとえば、次の場合はどうでしょうか。

①「今日は練習に行くのがいやだな」

↓思いつくYESの例＝本当は理由をつけて、サボって休みたいよな。

↓思いつくBUTの例＝でも、今日、練習を頑張れば、一段階上に行けるぞ。

②「東大合格なんて目標が高すぎて無理だ」

↓思いつくYESの例＝偏差値40台のオレには無謀な話だ。

↓思いつくBUTの例＝でも、東大に受かったら、将来はバラ色の未来になるかもしれない。

はじめのうちは、うまく言葉が出てこないかもしれません。

そのようなときは、「マイナス思考はダメだ」と否定するのではなく、**「いったんマイナスを認めてからプラス思考に言い換えてみる」という訓練を続けるのが「イエス・バット法」をうまくやるコツです。**

この思考が習慣となって身につけられるようになると、あらゆる場面で大きな効果を発揮することができるのです。

STEP 3

「3つのメンタル術」を活用する

□「言葉」が持つ驚くべきパワー

メンタルトレーニングを行うにあたって、3つのことをマスターする必要があります。最初に紹介するのは**「言葉」**についてです。

試合中のひとり言。これを「セルフトーク」と呼んでいますが、**ポジティブな言葉を発するか、あるいはネガティブな言葉を発するかで、そのあとの結果は大きく変わってきます。**

以前、こんな実験をしたことがあります。ゴルフのグループを2つに分け、

①Aグループに「いいぞ」「絶好調だ」「大丈夫」「うまくいく」とポジティブなセルフトークを行ってもらう

②Bグループに「しまった」「まずい」「ピンチだ。どうしよう」「これは失敗するかもしれない」とネガティブなセルフトークを行ってもらう

そうして競技をしてもらいました。すると、AグループのほうがBグループよりはるかにいいスコアで競技を終えたのです。

言葉には不思議な力が宿ります。言葉やつぶやきをポジティブにして一日を過ごしたら、その日の結果はまるで違ってくることが考えられます。それだけに、否定的な言葉ばかり発していたら、あなたは最高のパフォーマンスを発揮することができなくなります。

普段、私たちは自分の心に向き合う作業は行わないものです。これは何もスポーツにかぎった話だけではありません。職場や学校、家で過ごしている時間にいたるまで、知らず知らずのうちに行っているセルフトークによって、

「脳の状態＝心の状態が表れていること」

とは気づかないものです。裏を返せば、普段からセルフトークに注意していれば、いまの自分の心の状態が明確になるともいえます。

□「セルフトーク」で自分の「考えぐせ」を発見する

もし、マイマスのネガティブな言葉が多いことに気がついたら、あなたの脳は否定的になっているので、プラスのセルフトークに変えてみましょう。

これはウソでも構いません。ウソが大事なのです。**ウソのプラス情報を入れることで扁桃核が判断を変え、脳が肯定的に切り替わります。その結果、発揮能力が高まり、結果や成果につながるという図式になるのです。**

人間の脳は自分が抱いたイメージを実現しようと働きかけます。ネガティブな言葉ばかり口をつくということは、普段の考え方のくせがそうなっているといえるのです。

否定的な脳が発する言葉といえば、「めんどうくさい」「やりたくない」「つまらない」「ツイていない」「最悪だ」などが浮かんできます。

反対に、肯定的な脳が発する言葉といえば、「もっとやりたい」「やってやるぞ」「おもしろい」「ツイてるぞ」「最高だ」などマイナスな言葉とは反対のこと、つまり、プラスに脳が考えているものです。

それを踏まえたうえで、ウソの情報で脳を変えること。ここでいうウソとはプラスのセルフトークのことです。

たとえば、いやな場面に遭遇したとき。状況どおりに言葉を発すれば、「いやだな」「この場から逃げたいな」となるはずです。こんなときは「ピンチを乗り越えるための絶好のチャンスだ」「自分はラッキーだぞ」と語りかけるようにしてみてください。

これはすべてに共通することで、ほかにも朝、会社や学校に行きたくない、練習に行きたくないとき、やはり状況どおりに言葉を発すれば「いやだな」となるはずです。そこを「**ようし、楽しんでくるぞ**」「**今日はスキルアップしに行くぞ**」**と強気の言葉を出すようにしていけば、否定的な脳から肯定的な脳に切り替わっていくようになるはずです。**

マイナスな状況が訪れたとき、多くの人の脳は自然と目の前の場面のとおりの考え方になるものです。それだけに、プラスになる言葉、言い換えればウソのプラストークを用意しておくことが肝心です。このウソに脳はコロリとだまされ、プラスのイメージと感情が入る肯定的な脳に変わっていくはずです。

□大谷翔平がWBCで見せた「セルフトーク」

「憧れるのをやめましょう」

2023年3月22日、第5回WBCのアメリカとの決勝を前にクラブハウス内で大谷選手が全選手に語った言葉です。

「ファーストに（ポール・）ゴールドシュミット（セントルイス・カージナルス）がいて、センターを見たらマイク・トラウト（ロサンゼルス・エンゼルス・オブ・アナハイム）がいるし、外野にムッキー・ベッツ（ロサンゼルス・ドジャース）がいたりとか、野球をやっていれば誰しもが聞いたことがあるような選手がいると思うけど、**憧れてしまったら、超えられないと思うので。**僕らは超えるために、トップになるために（アメリカに）来たので、今日一日だけは、彼らへの憧れを捨てて、勝つことだけを考えていきましょう！」

大谷選手自身、アメリカの野球をリスペクトしていることは、日ごろの発言からも見て取れます。

「ただでさえ、すばらしい選手たちのラインアップを見るだけで、弱気な気持ちに変わってしまうことが多々ある」

WBCで日本が3度目の優勝を飾ったあとの記者会見で、大谷選手は率直な胸のうちを語っています。

憧れの目で見てしまったら絶対に勝てない。これは正論です。なぜなら、対等の立場ではなく、下から上に見てしまっているからです。「憧れ」というのは、つまるところ、ネガティブと同等の意味を持つ言葉なのです。

私はSBTの指導で必ずプロの選手には「現役選手を尊敬するな」といっています。なぜなら、同じ舞台で戦うライバルとなる可能性があるからです。トップレベルで勝敗を争っているプロの世界では、脳はただ尊敬してしまうだけのことですが、じつは、たったそれだけで相手を乗り越えることができなくなります。

大谷選手は日本の選手の様子を見て、間違いなくメジャーの選手たちを上に見ているると感じ、そのまま試合に入って「点を取られてもしかたがない」「点が取れなくても当然だ」という思いで戦えば、へたをするとワンサイドゲームで大敗することだってあると考えても不思議なことではありません。

それだけに、**「憧れるのをやめましょう」といった大谷選手の言葉のチョイスは、お見事だったといえるわけです。**

□マイナスをプラスに切り替える「ボディーランゲージ」

メンタルトレーニングを行うにあたり、2つ目に紹介するのが「**ボディーランゲージ**」についてです。

たとえば、野球で本塁打を打ったとき、ベースを回りながら無意識のうちにガッツポーズをしていることがあります。反対に、本塁打を打たれた投手は「しまった。打たれた」と苦虫を噛《か》みつぶしたような顔をしたり、地面に顔を向けてうなだれたりと、ガッカリした姿を見せることもあります。

私たちの表情や動作、姿勢には心の状態がもろに表れますが、これを「ボディーランゲージ」というのです。

注意したいのは、どんな競技であれ、グラウンドで行うボディーランゲージは、みんなが見ているという点です。先に挙げた例でいえば、本塁打を打たれて落ち込んだ投手の姿を見れば、相手ベンチは「相手の投手の心理的ダメージは大きいぞ。よし、今日の試合はもらった」という気持ちになるものです。

そこで、相手に「自分たちが有利になった」と思わせないためにも、いまからお話しする2つのことをしておく必要があります。

ひとつは**「チームメイトのボディーランゲージのくせを知っておくこと」**です。なぜなら、チームメイトの落ち込んだときのくせを知っておけば、タイムをかけて、「いまのは気にするな。次に同じ場面が来たら頼んだぞ」と声をかけることもできるでしょうし、遠く離れたポジションからも「大丈夫、大丈夫」と励ますことだってできるからです。

これは、スポーツにかぎらず、ビジネスでも受験でも同じです。上司は部下、先生は生徒の落ち込んだときのボディーランゲージを知っておけば、励ますことも勇気づけることもできます。目標達成に導く最高のサポート役になります。

もうひとつは、**ミスした本人みずから「大丈夫、大丈夫」と言葉を声に出して否定的になりかけた脳を切り替えることです。**このとき、こぶしを握ったり、人差し指を立ててナンバーワンポーズをつくったりして「次はできる！」と自己暗示をかける。

これを毎日の仕事や勉強、練習のなかで繰り返し訓練すると、脳がひとりでに「大丈夫、大丈夫」と反応するようになります。

こうして**ボディーランゲージを磨いていけば、どんなにピンチの状況がやってきても、自分の脳が勝手にチェンジしていけるようになるというわけです。**

□駒大苫小牧高校が実践した「ピンチでも楽しむ」方法

2004年夏に全国制覇を成し遂げた駒大苫小牧の「ナンバーワンポーズ」（149ページ写真）は話題となりました。人差し指を立てて腕を突き上げるあのポーズは、選手全員で決めた目標を達成するうえでのボディーランゲージでした。これが、人差し指を天に掲げるナンバーワンポーズのルーツです。

ピンチを迎えたとき、マウンドに選手が集まってはナンバーワンポーズをつくる。指の先には空があり、空は全国制覇、さらには遠く離れた北の大地につながっている。「北海道民のみなさんと優勝した喜びを共有したい」という思いも抱いていました。

彼らはピンチになっても、ひるむどころか、並みいる強豪校に立ち向かっていきました。3回戦で日大三、ベスト8で横浜、決勝ではこの年の春のセンバツで優勝した愛媛県の済美《さいび》と次々と甲子園優勝校を撃破したのは、決して偶然ではありません。

ナンバーワンポーズをつくれば自動的に心が切り替わるように、ある条件づけをしていきました。それは「目標達成やその喜びをイメージすること」。そのためにもリ

「ナンバーワンポーズ」をつくる筆者（提供：株式会社サンリ）

ラックスした状態で行わせなければいけません。

そこで必要だったのが腹式呼吸（188ページ）だったのですが、心と体をリラックスさせて落ち着いた気持ちになったところで行わせていました。

ですから、彼らは試合中にいかなるピンチに陥ったときにもナンバーワンポーズをつくることで、「オレたちは絶対に勝てる」という意識づけも行っていたのです。

彼らの表情からはピンチの場面でも「大丈夫。ここがオレたちの見せどころだ」と楽しんでいたフシさえ見て取れました。

ナンバーワンポーズについては、彼らには毎日の練習のなかで取り入れさせていました。**「ポーズからの自己暗示」を1日5回は実行させ、ポーズに思いを条件づけます。さらに、「成功イメージ」も加味し、「ポーズ＋成功イメージからの自己暗示」とすると、より効果が上がりました。**

それだけに、ナンバーワンポーズは、ものすごい力を発揮したと断言できるのです。

□目標達成をイメージする「メンタルリハーサル」

メンタルトレーニングを行うにあたり、最後の3つ目に紹介するのが「**イメージ**」についてです。

イメージを利用したトレーニングで代表的なものは、プロ野球選手やプロゴルファーが行っている「メンタルリハーサル」といわれるものです。スポーツ心理学の実験でも、初心者がただ練習して試合に臨んだ場合と、メンタルリハーサルを行いながら練習した場合とでは、明らかに後者のほうが上達度は速かったことが実証されています。

理想のフォームを頭に焼きつけ、そのイメージを繰り返し行うことで、そのとおりに体が動くようになる。それだけに、パフォーマンスを向上させるには理想のイメージを入力することが大切なのです。

実戦で使うメンタルリハーサルについては第4章（183ページ）でお話ししますので、ここでは目標を達成するためのイメージングの方法について取り上げていきます。

どんなにすばらしい目標を掲げていても、普段は意識していないこともあり、思い出せずに忘れてしまっているという人が大半です。これでは、せっかくの目標も絵に描いた餅で終わってしまい、無意味なものとなります。

それに加えて、成功体験の多い選手ほど「この目標は達成できる」とイメージできるものですが、そうでない選手だと、「無理。できっこない」とあきらめてしまいがちです。

それでも目標を達成するには、どうすればいいのか。

ズバリ、「使命感」です。「自分以外の誰かのために」。

そうです。第2章の駒大苫小牧のエピソード（67ページ）で紹介した、目標を超えた「目的」を脳に強烈にインプットすることが必要なのです。「地元の人に喜んでもらいたい」「家族が笑顔になるように」などというように、「周囲の人を元気にさせる」という目的があれば、使命感が持てるようになるはずだと私は考えています。

目標を達成するには自分ひとりの力だけで成し遂げるのは難しいものです。そんなとき、**誰かが喜んでくれることをイメージすれば頑張れる力になっていくはずです。**

□「メンタルリハーサル」で失敗を成功の糧にした大谷翔平

大谷選手のグラウンド上での威風堂々とした姿を見て、「メンタルが強い」と思っても、「メンタルが弱そう」などと思う人は皆無でしょう。それだけに「どうしたら世界の大舞台であれだけのパフォーマンスができるのだろうか」と不思議に思う人もいるかもしれません。

私は彼が普段の練習のときからメンタルリハーサルを行っていることに注目しています。

とにかく、大谷選手は練習好きです。

「つねにきっかけを求めて練習しているというのはあります。ひらめきというか、こういうふうに投げてみよう、こうやって打ってみようというのが、突然、出てきますからね。やってみて何も感じなかったらそれでいいし、継続した先にもっといいひらめきが出てくることもあります。つねにそういうひらめきを追い求めているんです。自分が変わるときは一瞬で上達しますし、そういうきっかけを大事に考えて練習していますね」

と発言していることからも、つね日ごろから考えて取り組んでいる様子が見て取れます。

それを実証するのが大谷選手自身の発言です。

「僕はムダな試合やムダな練習というのはないかなと思っているので、頑張って何年続けても結果が出ないという練習のしかたっていうのは確実にあるとは思うんですけど、それを失敗だと気づいて違うことに取り組めば、そこで一個発見があって、それがどんどん成功につながっていくかなと思うので、僕自身まだ成功したとは思っていないですし、むしろ成功と失敗を繰り返している段階なんです」

これはSBTの指導でお話しする私が大好きな発明王のトーマス・エジソンの言葉で、白熱灯の発見で何度もうまくいかない研究を繰り返しても、「私は失敗したことはない。うまくいかないやり方を1万通り見つけただけだ」と話した内容と同じです。

大谷選手は心の奥底で自問自答を繰り返しながら、みずからのパフォーマンス能力を向上させてきたことは間違いありません。

「いまの自分には何が足りない（欠けている）と考えているのか」
「いまの自分にとって必要な練習とは何か」
「その練習が効果を発揮するまでに、どれくらいの期間を要するのか」

2023年にメジャーで日本人選手初となる本塁打王のタイトルを獲っても、「これで十分」と満足するようなことはありません。むしろ、「まだまだ技術的な進歩ができるんじゃないか」とさえ思っています。

ここに大谷選手がメジャーで進化し続ける理由があると、私は見ているのです。

Column 3

SBTで107年ぶりに甲子園優勝を果たした慶應野球部に教えたこと

2023年夏の甲子園で慶應義塾《けいおうぎじゅく》高校野球部が優勝したとき、「高校野球に新風を吹かせた」と大きな話題となりました。チームとして標榜《ひょうぼう》していた「エンジョイベースボール」は「楽して勝とうとしている」と曲解されましたが、「自由にやるだけでなく、苦しんで、試行錯誤して、正解を探し出す」というのが真の答えでした。

学生スポーツのメンタルトレーニングの指導に行くと、長期目標と短期目標をつくる作業を行いますが、「チームで目指す長期・短期の目標」と「選手個人で目指す長期・短期の目標」は、それぞれ違うものになります。

たとえば、高校野球のチームの指導に行けば、チームとしての目標は「甲子園出場」にあたります。もちろん、もっと高い目標にして「全国制覇」としてもいいのですが、いずれの場合も、「そのために、いま、チームとして何をやるべきか」「その目標を誰に喜んでもらうのか」ということも話し合ってもらいます。

何度もお話ししていますが、チームで設定した目標を絵に描いた餅で終わらせないようにするためにも、チームで統一した決めごとをつくっておくことは大切です。なぜなら、道半ばで予期せぬアクシデントが起こったり、目標を見失いそうになったりしても、自分たちが目指すべきものは何かを立ち止まって考えることで、再び前に進むことができるからです。

一方で、個人の目標は各人でそれぞれ違って当然です。ある選手は「メジャーリーガーを目指す」選手もいれば、「チーム内でレギュラーを目指す」という選手だっているでしょうし、「チームのマネジメント能力を高める」という選手もいるでしょう。

このときに大切なのは、それぞれが夢の実現に向かって具体的なビジョンを描き、そのために小さな目標を設定し、地道に努力を積み重ねていくことなのです。そうした一人ひとりの個人の力を結集させ、「甲子園出場」や「全国制覇」を目指していく。

個人の目標やチームの目標は、それが大きければ大きいほど実現するにはハードルが高くなりますが、具体的なビジョンを描き、どう地道に努力してくのかさえ明確になっていれば、まったく問題ありません。

全国有数のエリートを集めたチームに対し、戦力面では苦戦を強いられることが予測できるチームが、どうやってその差を補完するのか。それはチーム力と個人の力をどれだけ高めて結集できるのかにかかっています。

2023年夏の甲子園で優勝した慶應が、まさにそうでした。いつ、どこで負けてもおかしくない強豪校とばかり対戦しました。

神奈川大会の準決勝では東海大相模《さがみ》、決勝では横浜、甲子園に出場してからは3回戦の広陵《こうりょう》、準々決勝の沖縄尚学《しょうがく》、決勝の仙台育英《せんだいいくえい》と、いずれも甲子園で優勝経験のある強豪校でした。

それでも次々と撃破できたのはチーム、あるいは個人で掲げた目標を達成するための必要な行動を根気よく続けた結果、ここ一番で最大の力を発揮できたからです（指導の詳細については、私と吉岡眞司《よしおかしんじ》さんの共著『慶應メンタル』ワニブックス刊もご参照ください）。

甲子園の優勝という見事な大輪を咲かせた慶應の選手たちは、この先もさらに違った大きな目標を設定し、その実現に突き進んでほしいと期待しています。彼らなら、われわれの想像もできないくらいの、甲子園優勝以上の大きな大輪を咲かせることができる。私はそう信じてやまないのです。

第 4 章

大谷翔平が大舞台を前に実践したメンタル術

STEP 1

「ゾーン状態」をつくる

□最高のパフォーマンスができているときの心理状態

いかなるスポーツにおいても、**最大限の実力を発揮したとき、「最高のコンディションだった」「雑念がすべて消えて無心でやれた」というコメントを耳にします。**

一方で、大きな大会になればなるほど不安や焦り、緊張などから、普段では考えられないようなミスを連発し、本来持っている実力の半分も出せなかったということも往々にしてあるものです。

つまり、負けられない試合であればあるほど心の乱れが大きくなっている証拠ですが、「どうしたら解決するのか」に着目しなければ、いつまでたっても同じ失敗を繰り返すことになります。このようなとき、体力強化や技術向上の練習に取り組むと同時に、どういったメンタリティーで試合を行っていたのかを分析する必要があります。

実際、私たちは「**ベストプレーができていたときに、どんな心理状態だったのか**」を選手たちに心理検査を行って分析しています。その分析結果は次の3つに集約されたのです。

①落ち着いていた。冷静だった

②ワクワクしていた。試合を楽しむ余裕があった

③負ける気がしなかった。ピンチの場面でも強気で攻めることができた

じつは、①〜③に挙げられた「冷静」「ワクワク」「強気」の言葉がキーワードとなってきます。3つの言葉が心に同時にそろうと、自動的に最適な戦闘状態に入っていくことができるのです。このうち、どれかひとつでも欠けてはいけません。言い換えれば、3つを同時に兼ね備えることが難しいからこそ、大舞台で本来の実力を発揮することなく敗れ去っていくアスリートは枚挙にいとまがないといえるわけです。

それでは、**どうすれば最適な戦闘状態をつくりだすことができるのか？**

その答えは「三気法」を身につけることなのです。

□「気」を蓄え、練り、締める「三気法」とは

SBTで指導している「三気法」は東洋医学の「気」を参考にしています。この「気」という言葉は現場でもよく使われます。

具体的には、「気合を入れるんだ」「根気よく続けなさい」「気を抜かずにやれ」などという言葉が挙げられますが、どうすれば気合が入るのか、根気よく続けるにはどうしたらいいのか、気を抜かせない方法はあるのかについて指導者に聞くと、たいていは答えられないものなのです。

とくに昭和から平成の中ごろまでは精神主義的な指導が広く用いられてきました。けれども、当時は明確な方法論があるわけではなく、ただ「気合を入れるんだ」というだけで選手がかけ声どおりに伸びていかないことも多々ありました。そうした反省を踏まえ、テクニカル的な要素が詰まったメンタルトレーニングが確立されていったのです。

心と体は「気」と呼ばれるエネルギーで動いていますが、必ず増減します。気が充

実していれば満ち足りた状態になっていますが、大きな大会に出場したあとは、気は消耗した状態となります。そのことを理解したうえでマスターしてほしいのが「三気法」です。

心のエネルギーである気を蓄えてから、それを使えるようにするために、しっかり気を練って鍛錬していく。そのあとは気合を入れて気を締める作業を行い、最後に一気に気を放出させる。

①気を蓄える、②気を練る、③気を締める。この3つの手順をしっかり踏んでいかないとフィニッシュとなる**④気を放出する**ことを100％の状態で行うことができないというわけです。

三気法は「毎日のトレーニング」と「試合のためのトレーニング」の2つを分けて行います。毎日のトレーニングでは、第2章（46ページ）でお話しした保有能力を大きくし、伸びるために行います。一方、試合のためのトレーニングでは発揮能力を高め、試合で活躍できるために行います。

つまり、2つのトレーニングは、まったく意味もやり方も違うというわけです。

□大舞台で爆発させるための「気」の扱い方

「気」をどういうプロセスで充実させるのか。それを火山のマグマにたとえてみます。マグマとは火山が噴火する際に必要なエネルギーです。地下にあるマントルがドロドロに溶け、地中の深いところから少しずつ上昇していきます。そうして火山の下にある「マグマ溜まり」にいったん蓄えられ、100%溜まったところで一気に噴出します。

けれども、このときにマグマ溜まりに40~50%のマグマしか溜まっていなければ、たとえ噴火しても、エネルギーが不足しているために、小さな爆発で終わってしまいます。

これと同じことが「気」にもいえます。**十分に気を蓄えて心のエネルギーが100%溜まらなければ、本番で大きな爆発力を生み出すことができません。**

さらにいえば、アスリートの「気」は、たんに蓄えただけでは力にならないのです。蓄えた気を練り、それが火口に向かって上昇するかのように気を締め、最後に一気に気を放出させる。放出する場所は試合を行うグラウンドということになります。

前項でもお話ししていますが、

①気を蓄える（マグマを溜める）

②気を練る（地中の深いところから上昇してくる）

③気を締める（マグマ溜まりに蓄えられる）

④気を放出する（一気に爆発する）

この4つのプロセスを経ないと大きな力は発揮できないというわけです。

これはスポーツにかぎったことではありません。ビジネスでも、大きなプレゼンのような仕事の本番でも、受験生の試験の本番でも同じです。大きな力を発揮するために必要なエネルギーなのです。

□「気合を入れる」だけでは成功できない理由

「メンタルトレーニングを以前やったことがあるけど、うまくいかなかった」という人から話を聞いたことがあります。よくよく聞いてみると、前項でお話しした、**①気を蓄える、②気を練る**という一連のプロセスがおろそかになっていたことが原因なのです。

昭和から平成の中ごろまでは、**③気を締める**ことばかり行われていました。指導者からどんなに「気合を入れるんだ」と発破をかけられても、「蓄える」と「練る」が十分でなければ、気が萎えてしまうか、緊張や興奮が出すぎてしまい、ミスを連発することになってしまうのです。

最近でこそ、メンタルトレーニングをチーム単位で行ったり、第1章でお話しした菊池投手のように個人で雇ったりしているアスリートもめずらしくなくなってきましたが、なかには「十分な効果を発揮するにはいたらなかった」という選手もいたと聞きます。その場合は、①と②がしっかり行われていないことが原因の大半を占めていました。

なぜ、このような結果になってしまったのか。それは、たんに現場の指導者の勉強不足であったり、「昔はこうやってうまくいったから、いまも続けている」という根拠がありそうで見当たらない成功体験だけで指導し続けたりしているからにほかなりません。

だからこそ、**心のエネルギーを蓄え、悪いストレスをなくし、周辺の環境のなかでいい外気を取り入れる作業に努めることが肝心です。**第2章では脳のしくみについてお話ししてきましたが、どれだけ脳に関する知識を学んでも、要となるメンタルトレーニングの手順をおろそかにしてしまっては、なんの効果も得られません。

繰り返しますが、前項でお話しした気の手順をしっかり覚えておいてください。毎日どれだけすばらしい練習をしていても、あるいは筋力アップのトレーニングをし続けていても、正しい気のエネルギーの放出のやり方を知らなければ、あなた自身が本来持っている実力のうちの10分の1、最悪100分の1程度の力しか発揮できずに終わってしまうということだけは、どうかよく覚えておいてください。

STEP 2

「気」を蓄える

□「3秒ルール」で気持ちを切り替える

三気法の土台づくりで必要なのは「**心のエネルギーを蓄えること**」。さらには「**悪いストレスを排除すること**」。この2つに集約されます。じつは、このことを知らずにメンタルトレーニングを行ってしまうと、まったく効果を発揮しないという事実もあります。

少し前の日本のスポーツ界では、体に摂取すべき栄養についてはあれこれ学んでいましたが、気の充実のさせ方やコントロールする方法、さらには、なぜ気が低下しているのかなどについては、あまり深く学ぼうとしていませんでした。

「メンタルトレーニング」という言葉は知っていても、それがいったいどういうものなのか、さらには、どういうプロセスで気を充実させていくのか、そのノウハウについて知っている現場の指導者というのは少ないのが実情です。これは、どの競技の指導者がとくに知らないということではなく、多くの競技の指導者といってもいいでしょう。

心が雑念だらけでエネルギーが枯渇してしまっている状態のとき、気を蓄えるのに必要なのは「忘れる」ことです。いつまでも悪い記憶を残しておいてはいけません。

そのために効果的なのが「**3秒ルール**」です。「プラスの言葉」「プラスの動作」「プラスのイメージ」を使って一気に気持ちを切り替える。

これは、チームスポーツにかぎらず、個人競技の選手にも、絶えず話していたことです。

この方法をより効果的にするためにも、**指をパチンと鳴らして「よし、次だ」とつぶやいてみるのもいいでしょう。**悪いストレスを排除するには、とにかく「忘れること」が必要です。指を鳴らすことで頭のなかを切り替え、「よし、次だ」とつぶやいて、それまでのネガティブなことを頭のなかから消してしまう。

私が以前、『イヤな気持ちは3秒で消せる!』(現代書林《げんだいしょりん》刊)という本を出したのは、マイナスの出来事を引きずってしまい、本来の力が発揮できないでいる人が多かったからです。ビジネスや受験なら一日をムダにしても翌日に頑張ればいいですが、スポーツは、それで試合の結果が決まってしまいます。

「**ネガティブなことは3秒以内に上書きする**」。これを徹底させることで、悪いストレスを排除できるようになるのです。

□自分がいちばんリラックスできる言葉を思い浮かべる

試合中にミスをすると、「しまった！」「いまのはまずい。どうしよう」などとマイナスの感情が湧いてくるものです。けれども、次のプレーの前には頭のなかから消し去らなければ次のプレーに集中できずに、また同じミスを繰り返してしまうなんてことになりかねません。

マイナスの感情を取り払う方法、これを私たちは「クリアリングプロセス」と呼んでいますが、Column 1（42ページ）でお話しした桑田投手はSBTの指導で大きく変わっていきました。

彼の現役時代、よくブツブツ何かをつぶやいているシーンがありましたが、「ようし、大丈夫だ。絶対に次の打者は打ち取れる」と肯定的な言葉を口にするようになりました。

また、味方の野手がエラーをしてしまったあとも、決して慌てる様子もなく、「いま、エラーで出塁した。でも、大丈夫。この次の打者をダブルプレーで抑えるから心配ない」

とつぶやいていたのです。

桑田投手のクリアリングプロセスは、あくまでも一例です。あなたもピンチに陥ったとき、悪い流れに乗りそうになったときは、いちばんリラックスできる言葉を用意してみてください。同時に動作やポーズも用意しておくとベストです。

第3章（148ページ）でお話しした駒大苫小牧のようなナンバーワンポーズでもいいですし、Column 2（112ページ）でお話しした女子ソフトボールチームでも駒大苫小牧と同様の指導を行っていました。試合だけでなく、普段の練習のときから指を天に向かって突き上げて心をひとつにするボディーランゲージを取り続けた。その結果、みんなの思いがひとつになって金メダルを獲得することができたのです。

心をリラックスさせて言葉を口にしたり、動作やポーズをつくったりしてイメージを思い浮かべる。

それによって条件づけが強化されれば、どんな場面でも心と体が反応するようになり、トップアスリートの冷静さを自分のものにすることができます。

□山や海で大自然に触れる

3秒ルールを用いて「忘れる」という作業をしたあとに、次にやるべきことは「気を蓄える」ことです。これはスポーツにかぎった話ではなく、普段、職場で働いている人たちも活用できる話です。

疲れが溜まったとき、気分転換の意味も含めて山や海に出かけると、心身ともにリフレッシュされるような気分を味わい、「明日からの仕事を頑張るぞ」とリフレッシュされたという経験をされた人は多いはずです。

東洋医学の世界では、これを大自然の気を取り入れ、「気が蓄えられる」と考えられています。つまり、気を蓄える作業をする際には自然の力は欠かせないのです。

「気」が蓄えられていなければ、水と肥料を与えてもらえない作物と同様に、「心の栄養」が不足してしまいます。その結果、どんなに頑張っても100％の実力のうち、わずか30～40％程度の実力しか発揮できなくなるというわけです。

実際、オリンピックに出場するような一流のアスリートでも、大きな大会のあとにすぐに激しい練習をしたり、新たに強化試合を組んだりするようなハードスケジュールを連続してこなそうとすると、心のエネルギーが低下していきます。やる気や意欲が湧いてこないので、当然、成績だって落ちてくる。選手によっては無気力状態になったり、「引退」の2文字すら浮かんできたりする者もいるほどです。

このことを「バーンアウト（燃え尽き）」と呼んでいるのですが、こうなってしまう理由としては「気が減少していってしまうこと」が最大の要因です。

そこで、**自然に触れながら試合や練習のことを忘れ、ゆったりした時間を過ごす。いったん頭のなかをスッキリさせるのです。**

自然の「気」を取り入れることで、「もう一度、頑張ろう」と気力が湧いてくるというわけなのです。

□「他喜力」で「気」を巨大化させる

「気」を取り入れる方法のひとつに、**「他人の力を利用する」**というものがあります。ピンチのとき、チームメイトと声をかけ合う。ファインプレーが出たあと、仲間とハイタッチして喜びを共有する。声援を聞いて奮い立つ。これらは立派に「他人から気をもらっている」証拠です。

これは何も勝っているときだけではありません。負けているときだって同じことがいえます。大舞台で失敗して落ち込んでいるとき、ライバルに勝てなかったとき、気が萎えて使い物にならなくなってしまったときに再び奮い立たせてくれるのは家族や友人、恋人などの励ましの声です。

彼らの気をもらうことで、ふさぎ込んだ気持ちが再び立ち上がろうとする力強い「気」の力が芽生え始めてくるのです。

さらに、**気を巨大化させる力として活用したいのが「感動する力」です。**ＳＢＴのプログラムのなかには「これまでお世話になった人を訪問して感謝の言葉を伝える」

という項目があります。それによって、選手たちは十人十色のさまざまな感動する体験をしているのです。

「この人が私のことを遠く離れた故郷から応援してくれていた」

「私が活躍することで、ここにいる全員が喜んでくれる」

自分が立てた夢目標を実現するために、こうした陰で応援してくれている人たちの存在が自分たちのモチベーションとなるのです。

Column 2（112ページ）でお話しした女子ソフトボールチームが、まさに好例です。ソフトボール大国であるアメリカに勝って金メダルを獲るために、「子どもたちの夢をつなぐ」という設定をしました。当時のエース格だった上野投手は「誰かのために投げたい」と明言していました。

「人のために頑張れる」というのはモチベーションを上げる立派な理由となります。

そして、私たちの心に大いなる活力を与えてくれるのが感動であり、そのエネルギーは、想像をはるかに超えるほど巨大で、私たちの心を燃え上がらせてくれるものなのです。

STEP 3

「気」を練る

□「未来の自分の姿」を思い浮かべる

三気法の第2段階は「気を練る」ことです。そのために ポイントになるのが「イメージすること」。トップアスリートが実践していることです。

普通の人が「**自己イメージを高く持ちなさい**」といわれても、ピンとこないかもしれません。なぜなら、これまでの自分自身のことを考えると、反省すべき過去をたくさん持っているために、自己イメージは低くなりがちです。

スポーツのことだけでも「練習をサボった自分」「『今日はこのくらいにしておこう』と妥協してしまった自分」「『試合で決定的なミスをしちゃったな』と落ち込んでいる自分」と、ネガティブな自分を探そうと思えばいくらでもあるはずです。それを材料に考えてしまうと「しょせん、自分はこの程度の実力しかないんだ」と自己イメージが低くなってしまうわけです。

そこで、考え方を改め、高い自己イメージを描いてみるのです。**高い自己イメージとは、すなわち「未来の自分の姿」です。目の前の練習の苦しさやつらさ、投げやりになりたい気持ちを乗り越えて夢や目標を実現した自分自身というものをイメージするのです。**

Column 1（42ページ）でお話しした桑田投手が、なぜ「クワタロード」と呼ばれるような道をつくるまで1年半も走り込み続けることができたのか。それは、「復活してもう一度、一軍のマウンドに立って投げたい」という思いを強くイメージできていたからです。

「オレはこれで十分だ」「こんなにつらいことは、もうたくさんだ」となっているということは、「未来の自分の姿」を思い描いていないからです。いま、自己イメージが低い自分しかイメージできないという人は、夢や目標を達成した未来の自分を思い描いてみてください。

□大谷翔平が実践した「未来の自分から現在を見る」方法

大谷選手は「未来の自分の姿を想像できるんじゃないのか」と思わせるほどの活躍を見せ続けてくれています。それが、日本のプロ野球より海を渡ったメジャーの舞台でプレーしているときのほうが私たちをアッと驚かせるほどの成績を残しているのですから、多くの人たちがそう思うのも無理もありません。

実際、彼の高校時代には、こういって指導をしていました。

「未来から『リアル・タイムマシン』に乗ってきた自分が、どんな問いかけをしているのか、想像してみたらどうかな」

つまり、「メジャーリーガーになる」という目標を持ったら、「未来からやってきた自分」から、

「それなら、いまは体力の向上に努めるべきだ。それに筋力を強化する必要だってある。栄養面だって必要な栄養素を摂取すべきだし、鍛えることは技術以外にもたくさんある」

といわれたとイメージすることで、「いまの自分」がそこに向けて絶えず努力をし続けるというわけです。すべては、あくまでもイメージ内の領域ですが、**それができたからこそ、大谷選手はいまのポジションの自分を確立できたのだと思います。**

2023年に開催されたWBCで侍ジャパンのチームメイトだった近藤健介《こんどうけんすけ》選手（ソフトバンク）は、かつて日本ハム時代の同僚だった大谷選手と食事をした際、彼が塩だけという最低限の調味料しか使わずに食べていたパスタに対し、「オレはあそこまでストイックにはなれない」とコメントをしていました。

けれども、大谷選手は「自分にとってはそれがベスト」だと判断したからこそ、こうしたパスタをよしとしていたのです。

これもリアル・タイムマシンに乗ってきた未来の自分が、「いまの体に必要な食べ物だろうか？　不必要な食べ物は将来の自分にとってマイナスにしかならないぞ」というイメージができたからこそなのです。

「未来の自分を描く」ためには、リアル・タイムマシンでやってきた自分の声を聞くというのもひとつの方法だということがおわかりかと思います。

□ピークパフォーマンスのイメージを持って行動する

目の前の出来事だけを考えると、どうしても苦しいことしかイメージできません。「練習が苦しい。もう終わりにしたい」。朝起きたときから「練習は苦しい」ということしか思い描けないでいると、体が重くなり、練習に向かうまでのあいだの時間も憂鬱なものに感じてくるものです。

けれども、**「練習の目的」を心の底から理解することができたら、苦しさ以上にやりがいが生まれてきます。**普段から「練習が嫌い」と公言するような人は、練習が苦しいからではなく、その練習をやっている本質的な意味を理解して毎日取り組んでいないからです。

そこで大事なのが「問いかけ」です。前項の大谷選手のように、**リアル・タイムマシンに乗ってきた自分を思い浮かべながら、「将来、こういう体力と技術を必要とするから、いまはこの練習をこなすことが大事なんだよ」と問いかけるのです。**目的のない練習をやらされていると感じているのと、目的を持って練習に取り組んでいるのとでは、やがて大きな差が生まれてきます。

もうひとつは、**「ピークパフォーマンスをしている自分の姿」をイメージすること**
です。理想の体の動きや理想のプレーを頭でイメージしながら練習に取り組む。技術を高めるために掲げるべき目標であり、それをものにしたときの自分もイメージすることで、いま以上の技術の向上が現実のものとなります。

こうしたピークパフォーマンスのイメージを脳に焼きつけるトレーニングを私たちは「メンタルリハーサル」と呼んでいますが、これがあるのとないのでは、普段の練習で得られる効果も、試合時における発揮能力も大きく変わってきます。

大谷選手にかぎらず、すべてのアスリート、もっといえば発展途上にある小学生、中学生、高校生、大学生にいたるまで、あらゆる世代の人に効果を発揮するのです。それだけに、**「イメージを持って練習する意味」を理解して普段から取り組んでいけば、体力、技術ともに向上していくのは間違いないのです。**

□大舞台の前にやっておきたい「2つのメンタルリハーサル」

「メンタルリハーサル」は気を練るという意味で最も重要な作業です。これを知っているかいないかで、その後のパフォーマンスの出来、不出来が大きく変わってきます。

本番に直結するメンタルリハーサルは、**①技術的な課題を持って行うイメージング、②本番のイメージング**の2つがあります。

最初の①「技術的な課題を持って行うイメージング」とは、自分の課題としている点を、理想としている動きをイメージしながら修正し、頭に焼きつけることです。

たとえば、野球の場合、打者がバットスイングをした際、内角が打てない軌道になっていたら、お手本となる打者のスイングをイメージして修正を図る。あるいは内野手の場合、送球に難がある場合には、お手本となる選手のボールを捕ってから投げるまでの一連の動作をイメージしながら、それを自分の技術に変えるべく練習をする。

このときに間違ってほしくないのは、「イメージは理屈ではない」ということです。「こういう動きをしなければならない」と変なこだわりを持つ必要はなく、たとえば

「コマを回転させる」とか、「チーターのしなやかな動きを参考にする」というように自由な発想を持ってイメージすることが大事なのです。

次の②「本番のイメージング」では、スポーツでたとえると「メンタルリハーサルで最高の試合を経験し、成功を確信してから本番の試合に臨む」作業を行います。

このとき、観客席の様子やグラウンドの雰囲気、相手チームのたたずまいなどを、できるだけリアルにイメージすることが大切です。

試合前の緊張感に始まり、試合中はピンチに陥ったときの「まずい」という気持ち、チャンスを逃してしまったときのガッカリした気持ちなど、さまざまな感情が襲ってきます。

そうしたものも、試合でのイメージングで克服し、それをはね返している自分の姿をイメージしてみてください。

どんな状況ももののともせず、つねにワクワクと心をときめかせながら場を引っ張っている自分の姿をイメージできれば、どんな大舞台でも臆することなく堂々と立ち向かっていけるはずです。

STEP 4

「気」を締める

□ベストなメンタルをつくる「サイキングアップ」

三気法の仕上げは、試合に100％の実力を出し切るための「気を締める」作業です。161ページでお話しした3つの心（冷静、ワクワク、強気）のうち、第1段階の「気を蓄える」作業で冷静な心を、第2段階の「気を練る」作業を通じて自分に問いかけて未来の自分の姿をイメージングしました。あとは「気を締める」。つまり**100％の実力を発揮させる「強気」を加えるのです。**

SBTでは試合に向けて心を強気にさせる作業を行うことを「サイキングアップ」と呼んでいます。

言い換えるなら「心の準備をする」ということです。

じつは、古くから日本のスポーツ現場で指導者たちが行ってきていたのが、ここで取り上げる「気を締める」作業で、得意としていたことでした。「気合を入れろ」「根性を見せろ」「踏ん張りどころだ」――。学生時代にスポーツを経験していた人なら、指導者から何度となく聞かされていたセリフだと思います。

けれども、その多くの現場で行われている指導が「気を締める」のみで、三気法の残りの2つ（気を蓄えると気を練る）が欠けていたために、本番の試合でミスを連発したり、あるいは未来の自分の姿を想像することができないために、「おもしろくない」といって競技そのものから離れてしまったりする選手が多く見受けられました。

それを踏まえて、サイキングアップの方法です。

①本番開始前に円陣を組み、大きな声を出して気合を入れる
②胸や腕、太ももなどをバンバンたたいて気を締める
③短い距離を何度かダッシュし、心拍数を上げて気を締める
④チームメイト同士で体をぶつけ合い、興奮度を高めて気を締める

こうした方法は競技によって異なります。たとえば、静かに集中してリラックスが必要な競技だと、音楽を聴いて気持ちを高ぶらせてから試合会場に出ていきます。

ベストな戦闘状態をつくる方法はひとつではありませんし、いくつもあって、「これが正解だ」というものはないということはお話ししておきます。

□「腹式呼吸法」で「気」をコントロールする

アスリートにかぎらず、人は心のエネルギーが足りなくなってくると元気や活気を失います。どんな目標を掲げても、あるいは夢を持っていたとしても、「実現しよう」という意欲を失ってしまいます。

それでは、どうしたら気を蓄えることができるのか。**その第一歩は「忘れる」ことです。**本番でミスしたイメージがいつまでも残ってしまっていては、次の本番に向けてワクワクできませんし、「よし、やってやるぞ」と気持ちが高ぶってきたりもしません。

雑念がいつまでも残っていては、まっさらな状態で次の本番には臨めないのです。

そこで、三気法の第1段階で行うことは、「リラクセーション（忘れること）」です。**SBTではリラックスを高める腹式呼吸法を取り入れています。**これをマスターすれば、いつでもどこでも行えるというのが大きなポイントです。

鼻から空気を吸い、口から少しずつ息を吐く。横隔膜《おうかくまく》を下げてお腹《なか》を膨らませ、丹《たん》田《でん》（へそから10㎝くらい下の下腹部《かふくぶ》）に空気を溜めるイメージで息を吸い込みます。吐くときはお腹をへこませながら、ゆっくり長く吐き出します。慣れないうちは「4秒吸って8秒吐く」を念頭に置くといいでしょう。

ストレスを消し去って心身ともにリラックスさせるには腹式呼吸が必要です。試合中もそうです。ピンチがやってきたとき、「まずいな」と頭のなかが不快になったときには呼吸も浅く、速くなってきます。このようなときには、**①軽く息を吐く、②2秒間息を吸う、③3秒間息を止める、④15秒ほどかけてゆっくり息を吐いていく**ということを3回繰り返してみてください。

このとき、自己暗示を加えてみるのもいいでしょう。**息を吸うときには「いいものを取り入れるイメージ」を思い浮かべ、息を吐くときには「悪いものが排出されていくイメージ」をするのです。**こうすることで、体内から不快なものが出ていき、快になるものが、どんどん取り入れられるようになるというわけです。

□「3つの分析」で「最高に頑張れる脳」をつくる

スポーツで指導者から「気合を入れろ」「根性を見せろ」「踏ん張りどころだ」といわれたとき、多くの選手はそのとおりに思えるものです。けれども、いざ試合が始まって不利な展開になってくると、「負けるかも」「まずいぞ」「もうダメだ」と弱気の虫が頭をよぎり、気づけばワンサイドの大差で負けていた……なんてこともめずらしくはありません。

そこで考えなければいけないのが、**「どうすれば最高に頑張れる脳をつくることができるのか」**ということです。これは「言葉」「動作、表情」「イメージ」の3つの事柄を分析して発見していく必要があります。

①頑張れたときの言葉→「絶好調だ」「やってやるぞ」「大丈夫、大丈夫」
②頑張れなかったときの言葉→「無理だ」「もうダメだ」「あきらめよう」
③頑張れたときの動作や表情→ガッツポーズをする、笑顔になる、堂々としている
④頑張れなかったときの動作や表情→うつむく、視線が定まらない、溜め息をつく

⑤頑張れたときのイメージ→歓声が聞こえる、みんなが笑顔で喜んでくれている
⑥頑張れなかったときのイメージ→叱られている、悔いを残した自分がいる

頑張れたときと、そうでなかったときは、これだけの違いがあります。

ですから、たとえ劣勢であっても「大丈夫。まだまだこれからだ」と思えるかどうかがカギとなります。

2023年のWBCの準決勝のメキシコ戦では序盤から日本が追う展開となっていました。七回にいったん追いついたものの、八回に再度逆転を許したときには「もうダメかな」と思ったファンもいたかもしれませんが、日本のベンチは違いました。

「絶対に逆転できる！　まだまだいけるぞ！」と押せ押せの雰囲気が漂っていました。

そして、九回裏、大谷選手が先頭打者として打席に入ると右中間に大飛球を飛ばし、

ヘルメットを脱ぎ捨てて二塁ベースに到達。直後にベンチに向かって煽《あお》るようなジェスチャーをしてチームを守り立てました。

そのあとに訪れた**侍ジャパンの逆転勝利は、大谷選手を筆頭に「まだまだいけるぞ」という「最高に頑張れる脳」をつくりだしたことが大きな要因なのです。**

□「何が足りなかったのか」は考えない

ここ一番に弱い。大舞台で緊張して思うように力が発揮できない。プレッシャーに弱い。チャンスがなぜかピンチに変わってしまう。声援を力に変えることができない。失敗を力に変えることができない――頑張ろうとしたけれどもネガティブな結果に終わってしまったときには、ここに挙げたような事柄が起こりがちです。

けれども、試合に負けたときは、足りないものがいくつも出てきます。

「あれも、これも。そうだ、こんなこともあった」

と探せばキリがないほど反省点というのは出てくるものです。

このようなとき、**「何が足りなかったのか」を反省することはやめてみましょう。**

「えっ、それでいいんですか?」と驚く人もいるかもしれませんが、本当にそれでいいんです。優秀なビジネスパーソンは誰も反省なんてしておらず、すぐに次に向けて考えています。アスリートも同じことがいえます。

「今回は失敗した。次、いこう」と気持ちの切り替えをあっという間に行います。

169ページでお話しした「3秒ルール」が自然と身についているからこそ、できる業ともいえますが、反省すると「脳が不快になる」というデメリットが生じてしまうことを彼らは知っているのです。「それなら、脳が快の状態であり続けたほうがいい」という考え方でいるからこそ、あえて反省をしないのです。

思うような結果が得られなかった、あるいは失敗したという経験は、生きている以上、誰にでもあることです。そのことで**一喜一憂する必要などありません。結果がどちらに転がっても、すぐに気持ちを切り替え、「よし、次、いこう」となれるかどうかが大切なのです。**

それから、三気法を行って、試合で必要となる最適な戦闘状態をつくってください。

繰り返しますが、この章の冒頭でもお話ししたとおり、三気法で大切なのは、**①気を蓄える→②気を練る→③気を締める**という手順で進めていくことです。

どれかひとつでも欠けてしまったり、あるいは手順を違って行ったりすると、三気法はまったく効果を発揮しない結果となります。そのことだけは覚えておくといいでしょう。

Column 4

「気合を入れる」ことの本当の意味

「絶対に降参するものか。最後の最後まで戦って、絶対に勝つんだ」

「負けるはずがない。最後に勝つのはオレたちだ」

どんな競技であれ、こうした気合を入れる言葉は、一見すると、根性論のように聞こえるかもしれませんが、じつは、ものすごく意味のある言葉であることに、お気づきでしょうか。

はじめに「降参」「負ける」というネガティブな言葉を使いつつ、最後に「勝つ」というポジティブな言葉を使うことで気持ちを前面に出すという効果があります。

普段のメンタルトレーニングでは、否定的な言葉はいっさい使いません。練習、試合前日、試合直前と、それぞれメンタルトレーニングの方法を変え、ベストな心理状態で試合に臨めるようにするのが私たちの務めです。

けれども、いざ試合に入ると、イメージどおりの展開になるとはかぎりません。野球やサッカー、バレーボールなどの団体スポーツの場合、先制して有利に試合が運べると思いきや、試合中盤で逆転されて劣勢になってしまい、そのまま終盤まで進んでしまうなんてことはザラにあります。

このようなとき、感情の振り幅を大きくして、強い気持ちが芽生えさせるように指導しているのですが、

「ネガティブな言葉からポジティブな言葉に変える」

ことで、それが可能となるのです。

大きな大会になればなるほどプレッシャーがかかり、不安が強くなることがあります。それが、普段の練習からは考えられないようなミスを誘発したり、あるいは自分たちより実力が上の相手だと劣勢に陥ってしまったりするなどの要因となるのです。

こうした局面に陥ったときには「頑張れ」「死ぬ気でやれ」という言葉だけでは、うまくいかないどころか、ますます緊張度が高まってしまうもの。その結果、さらなるミスを呼んで、より劣勢に追い込まれるなんてことも十分にありうるのです。

そこで、肩の力を抜くような言葉をかけるのではなく、あえてネガティブな言葉からポジティブな言葉に変えてみることで、集中力に満ちた戦闘状態をつくりだすことができるというわけです。

小中高生の段階ですと、試合が劣勢に追い込まれると、どうしても強い言葉だけをいいがちですが、それだと体に力が入りすぎて、いい結果を生み出すことができません。それより、「ネガティブな言葉からポジティブな言葉に切り替えるセリフ」を口に出すほうが効果的ですし、チーム内で「試合が劣勢になったときには、どんなフレーズを使うのか」を決めておくのも有効な手段だともいえます。

最初はちょっと難しく感じるかもしれませんが、「相手はいいチームだ。けれども、最後に勝つのはオレたちだ」というようにワンフレーズだけでも訓練しておけば、劣勢になってもチーム全体ではね返す力を得られることになっていくはずです。

第5章

大谷翔平の「勝負強さ」を引き出したメンタル術

STEP 1

本番前にやるべきことを知っておく

□結果の8割は勝負の前に決まっている

本章ではスポーツ選手の場合をベースにメンタル術を説明していきますが、ビジネスの場面にも役立つノウハウですので、「試合」を「大舞台」「重要な会議」などに置き換えて読んでいただければと思います。

試合の勝敗は試合前の段階で80%は決まっている。これは多くのチームやアスリートを見続けてきた私の持論です。外から見ている人には見きわめるのは難しいかもしれません。選手たちは気合の入った顔つきをしていますが、実際は第4章（163ページ）でお話しした「気を蓄える」「気を練る」の作業を行わずに「気を締める」作業だけやってきただけだと危険です。

一見、闘志のある顔つきをしていても、いざ試合に入ると、粘り強さが足りなかったり、味方がプレー中にわずかなミスをしただけで動揺した表情を浮かべたりと、勝負弱さばかりが目立ってしまいます。

これとは反対に、試合前に自信のなさそうな表情を浮かべている選手が、いざ試合に入るとイキイキした動きを見せ、躍動感あふれるプレーでチームを上昇気流に乗せるなんてことだってありえます。

そこから考えられることとしては、試合前に気合を入れる、つまりサイキングアップ（気を締める）だけでは最適な戦闘状態はつくれないのです。

何度もお話ししていますが、気を蓄える、気を練る、気を締めるといった一連のプロセスを踏んだうえで気を締めなければ、「冷静」「ワクワク」「強気」のメンタルを持ったベストな戦闘状態はつくれないのです。

言い換えるなら、**これから試合に臨む選手のメンタルは、試合直前のロッカールームでつくるものではなく、試合の前日までにどのような時間を過ごしてきたのかで勝敗を決することが多いというわけです。**

□大舞台に現れる「魔物」の正体とは

「甲子園に魔物が現れた」――高校野球ファンの人なら一度は必ず耳にしたことがあるフレーズかもしれません。

自分たちのチームが中盤まで試合を有利に進めていても、最終回になって突如としてエラーや四死球が重なって塁上をにぎわせたところでガツンと手痛い本塁打を打たれ、試合はそのまま負けてしまった。甲子園の高校野球で、たまに見かけるひとコマです。

このようなとき、「甲子園に魔物が現れた」というフレーズが飛び交うのですが、そもそも「魔物の正体」とは、いったいなんなのでしょうか？　こういうと、「うーん」となって考え込んでしまう人がほとんどなのではないでしょうか。

私が考える「魔物の正体」とは「通常とは違うマイナスイメージ」。これに尽きるのではないでしょうか。

たとえば、オリンピックで柔道の選手が会場に現れたとします。普段の試合は柔道の関係者しか見ていないものですが、ことオリンピックともなると、柔道とはまったく関係のない一般の人たちも多く会場に足を運んで声援を送っています。

これによって、「あれ？　いつもと雰囲気が違うな」と選手が勝手に感じ取り、それが精神的な不安や焦りとなり、普段ではありえないイージーミスを連発してしまうということにつながってしまう……このような図式が成り立つわけです。

3年前の東京オリンピックを思い出してください。新型コロナウイルスの影響から、すべての競技は無観客で行われることになりました。そこで日本の柔道は金メダル9個、銀メダル2個、銅メダル1個の合計12個のメダルを獲得し、「お家芸復活ののろしを上げた」とマスコミから称賛されました。

けれども、私は無観客だったこともあって、選手たちのプレッシャーが軽減されたことも見逃してはならないと思っているのです。

つまり、**「いつもと同じ雰囲気で戦えた」からこそ、通常とは違うマイナスイメージをつくりだすことなく、「魔物」も登場しなかったのではないか**――私はそう分析しているのです。

□本番ではメンタル術は使わない

いざ、試合に入ってしまうと、これまでお話しした三気法を使うことはしません。**試合中は「目の前のことだけに集中する」。これに尽きます。**

第3章（131ページ）でもお話ししましたが、2023年春に開催されたＷＢＣで大谷選手とともに戦った中日の髙橋投手は、どんな心境で打者と対戦しているのかについて大谷選手と話をした際、

「オレのピッチングは参考にしないほうがいい。ただがむしゃらにストライクゾーンへ投げ込んでいるだけだから」

といわれたそうです。

つまり、試合に入り込んでいるときには扁桃核のスイッチが「快」の状態になっているので、どんなにリードしていようとも、あるいは試合が劣勢に陥っていても、周囲にいる監督や選手たちは慌てることなく、「いけるぞ、いけるぞ」と盛り上げていればいいのです。

彼らは試合前日までに三気法を正しい手順で終えています。火山でいうところのマグマも十分溜まった状態でいますし、いざグラウンドに送り出せば、あとは爆発力のあるプレーをさせるだけです。それが十分できる状態である彼らに対し、あらためて「三気法を行う」ようなことはしなくていいと私は考えています。

メンタルトレーニングは技術、体力の向上の練習に加え、その成果を高めるためのもうひとつの練習です。歯磨きをするのと同じように毎日欠かさず行うことが大切です。それは何も日々の練習のなかで行わなくても構いません。日常生活のなかで1日5分か10分。それだけの時間だけ行うことで、試合で大きな力を発揮します。

繰り返しますが、どんなに技術を磨いたり、体力を向上させたりしても、心をコントロールできなければ試合では勝てません。反対に**心を磨けば勝てる可能性がグンと高まります。**これは、あらかじめ知っておくといいでしょう。

STEP 2

「最強のメンタル」で本番に臨む

□ 成功したあとは「まだ先がある」と考える

試合に勝利した日、喜びに満ちあふれた気持ちになっている、あるいは薄氷のなかでつかんだ勝利だった場合、「ああ、よかった」と安堵感《あんどかん》があるものです。

チームスポーツの場合は、これが顕著に出てくるもので、大きな大会のトーナメント戦をひとつ、またひとつと勝ち抜いていくと、

「ひょっとしたら、このままの勢いで優勝できるんじゃないのか？」

という錯覚に陥ってしまうことさえあります。

でも、ちょっと待ってください。試合にひとつ勝ったことで一喜一憂してはいけません。

次の対戦相手は、あなたのこと、あるいはあなたが所属しているチームのことを徹底的に研究してくるかもしれませんし、試合に勝ったときと同じコンディションのままとはかぎりません。

ここでいうコンディションとは、自分自身の体調面にとどまりません。風向きなどの気象条件や、スタンドにいる観客の多さ、試合の開始時間は何時からなのかといったことにいたるまで、すべてが勝ったときと一緒ということはほぼないのです。

つまり、**勝った試合のあとは負けたとき以上に慎重かつ用心する必要があります。**いちばん怖いのは「気のゆるみ」です。「今日の相手はたいしたことなかった」「次も楽勝でしょう」と、なんの根拠もない自信で最も足をすくわれる確率が高いのです。

私が指導しているのは「終わった試合のことは振り返るな」ということです。とくに甲子園や花園などの全国大会に出場できるかもしれないというレベルのチームについては「家族や友だちのほめ言葉は聞き流せ」。もっといえば「マスコミがほめたたえた記事を鵜呑《うの》みにするな」ということもあります。

たとえ勝った試合であっても振り返らない。勝った試合であっても、すぐに忘れること。そうして、次の試合に向けてのイメージトレーニングに入っていくのです。

「まだ何も成し遂げていない」「この先がまだあるんだ」と自分自身に問いかけて頭のなかを冷やす作業を行っていきます。

□失敗したあとは「今日はダメだった」という雑念を消す

勝った試合と比べて、負けた試合というのは反省したがるものです。

「あのときのポジショニングが間違っていた」

「送球しようとしたとき、指からボールが離れるのが早かった」

「一瞬の油断を相手にうまくつかれてしまった」

反省しようと思えば、その要因について挙げれば、いくらでも出てきます。けれども、**次の試合が近い場合には、「ああしておけばよかった」と振り返るのをやめてください。**

負けた試合のことをいつまでも引きずっていると、脳がどんどん否定的になり、そのままの脳の状態で試合を迎えることになります。

そこで私がいつも選手たちにいっているのは、

「負けた試合のあとは、『今日はダメだった』という雑念を消しなさい」

ということです。

雑念を消す方法はひとつです。

「肯定した心を上書きすればいい」のです。

心が興奮した状態から徐々に落ち着かせたうえでクリアリングを行う。そうして「冷静」「ワクワク」「強気」の3つの心をつくりだしていくわけです。

このときに必ず選手たちに話しているのが、

「次がまだあるんだ」

「今度は絶対に勝つ」


というように自分自身にプラスの言葉を問いかけさせます。

勝ったときには頭を冷やし、負けたときには「気」を入れ直す。やり方はそれぞれ違いますが、共通していることは、「前の試合のことは忘れなさい」ということです。良いことも、悪いことも、すべて頭のなかから消し去って、クリアな心で次の試合に臨む。

大谷選手のように「自分の成功を信じる力」を養うためには、試合の前に必ず身につけておきたい考え方だといえます。

□サンリ式「クリアリングシート」に書き込む

次の試合に向かう前に選手たちに必ずやってもらいたいことのひとつに「クリアリングシート」（210ページ図表6）の作成というものがあります。

「気を蓄える」「気を練る」「気を締める」という3つのプロセスを主に右脳でイメージして行うのに対し、クリアリングシートの作成は左脳で行います。

方法としては「準備面」「心理面」「技術面」の3つに関して確認しながら書き出していくのですが、具体的には次のとおりです。

①はじめに今日の試合でよかったところ、うまくいったところを、思いつくかぎり書き出してみる

②今回の試合での問題点を書き出してみる。ただし、試合での反省ではなく、あくまでも「次の試合」のための分析である

③次の試合で成功するための対策や、「自分はこうしたい」という決意を書き込んでいく。あくまでもこれは願望ではなく「決意」なので、「〜したい」「〜しよう」と

所属：	氏名：
大会：	場所：
日程：　　　年　　月　　日　～　　日	
結果：	

最初に、よかった点（うまくいったことなど）を思いつく限り、できるだけたくさん書き出す。

その後に今回の試合の問題点を書き、そして次の試合で成功するための対策と強い決意を書く。

	今回のよかった点	今回の問題点	次回の成功のための対策・決意
準備面			
心理面			
技術面			

図表6　クリアリングシート（左は記入例）

所属：××野球クラブ	氏名：島田太郎
大会：全国野球クラブ対抗選手権	場所：〇〇市民球場
日程：　年　月　日 ～　日	
結果：3-2で勝利	

最初に、よかった点（うまくいったことなど）を思いつく限り、できるだけたくさん書き出す。

その後に今回の試合の問題点を書き、そして次の試合で成功するための対策と強い決意を書く。

	今回のよかった点	今回の問題点	次回の成功のための対策・決意
準備面	相手の戦力を事前にリサーチして戦術を立てられた	練習でエラーをした記憶を残したまま試合に入ってしまった	よいイメージを保つために、よい言葉を口にしながら試合に臨む
心理面	ワクワクした気持ちになり、感情のコントロールができた	エラーをしたチームメイトにネガティブな言葉をかけてしまった	試合に入ったらネガティブな感情に支配されないようにする
技術面	前回の試合ではできなかったバッティングが練習ではできた	自分のバッティングはできていたが、チャンスで打てなかった	どんな投球でも対応できるバッティングスタイルを確立する

は書かずに、「〜する」と断定した文章にする

このように書いていくと、次の試合のイメージを、より具体的につくりだすことができます。

残念なことに、こうしたことは、ほとんどの選手が行っていません。試合で勝ったことは、たんなる偶然だったのかもしれないのに、「自分たちの実力で勝った」と思い込む。そうして、次に優勝候補の相手と対戦したときに、こてんぱんにやられてしまって、

「ダメだ。相手が強かった」

と白旗を揚げてしまう。これでは、いつまでたっても進歩しません。

ですから、次の試合に向かうときには、必ずクリアリングシートを作成してください。そうすることで、**前回の試合結果を引きずることなく、真っ白な気持ちで新たな試合に入っていくことができるのです。**

STEP 3

「最高の結果」をもたらす「最高の準備」をする

□本番は「気を整える」ことから始まっている

ここで質問です。「試合はいつから始まるでしょうか？」

「そんなの、試合の当日に決まっているだろう」

「審判が開始のホイッスルを吹いてからでしょう？」

そう思う人は多いはずです。

答えはどれも違います。

試合の当日でもなければ、審判の合図でもありません。

正解は試合の「前夜」から始まっているのです。

第4章（163ページ）でもお話ししたとおり、「気を蓄える」「気を練る」「気を締める」と三気法を使って最適な戦闘状態に入っているときから始まっているのです。ですから、試合会場に入ったときには、すでに心のベースが完成されている状態となっています。

試合会場の控え室で、どんなに気合を入れようとしても、うまく集中力を高めることはできないものですし、「試合時間までリラックスしていよう」と心がけていても、実際は、それとは正反対で、どんどん緊張と不安の感情が高ぶってきてしまうものなのです。

そのような心理状態でいざ試合に臨んだら、結果は——明白です。いいはずがありません。

ですから、不安があったり、気が高まりすぎてコントロールできなかったりする状態が前日から続いていたら、よく眠れずに、万全のコンディションで試合当日の朝を迎えることなど不可能なのです。

それだけに、「**試合は前夜から三気法を使って気を整えた時点から始まっている**」。これこそが冒頭の問いに対する答えなのです。

□サンリ式「メンタルナビシート」に書き込む

試合当日に最適な戦闘状態に持っていくために、どのように過ごしたらいいのか。それには試合当日における心の地図、言い換えるなら「メンタルナビ」が必要になってきます。「メンタルナビシート」（218ページ図表7）を活用してください。

そのためには、試合の前日までに次の2つを作成しておくことが重要です。

①朝起きてから試合会場に入るまでのメンタルナビ

②試合直前のメンタルナビ

まず、①ですが、朝起きてから朝食を食べるまでのあいだに、ささいなことで家族といさかいが起きる、頭が重たい感じがするなど、ちょっとしたことで、脳は否定的になってしまうものです。

このようなとき、**「これじゃダメだ。朝ごはんはおいしく食べよう」。服を着替えながら試合のことを考え、「楽しみだ」と気持ちを切り替え、ワクワクさせるのです。**

何度もお話ししていますが、脳は自分が抱いたイメージを実現させようとします。

「今日はイライラしている」

「あまりよく眠れなかったから、今日は体が重いなあ」

それが自己暗示となってしまい、本当に体のキレがなくなってしまいます。

そんなときこそ、「メンタルナビシート」に記入した内容を思い出し、「今日はさわやかだ」「体がすごく軽くて絶好調だ」と逆の自己暗示をかければ、そのとおりになるのです。

続いて、②ですが、試合直前の心は最適な戦闘状態に仕上げていなくてはなりません。ここでも三気法の3つの段階、「気を蓄える」「気を練る」「気を締める」の作業をもう一度行って総仕上げとします。

そうして、最後が「決断」の作業です。最適な戦闘状態にするための「言葉」を用意するのです。

さまざまな感情のなかで、迷いやためらいを取り除いてくれるものがあるとすれば、「自分の力を超えた何かに守られている」という自信、あるいは「自分以外の誰かとつながっている」という確信です。

2023年のWBCの決勝戦の試合前、大谷選手は侍ジャパンの選手、スタッフを前にこういいました。

「憧れるのをやめましょう」

その場に居合わせた侍ジャパンの関係者は、大谷選手のこのひと言で、すべてのためらいや迷い、不安が消え、チームが勝利に向かってひとつにまとまりました。**彼がロッカールームで最後に話した言葉は、まさに脳を肯定的にしてしまう名言でした。**

みなさんも、チームのみんなのためらいや迷い、不安が消えてしまうような最後の言葉を探してみてください。

所属:　　　　　　　　　　競技:　　　　　種目・ポジション:

氏名:　　　　　　　　　　学年:

大会名:

★朝起きてから試合開始までの心の地図を書いていきましょう★

場面	行動（言葉・動作・表情など）
起床	

図表7　メンタルナビシート（左は記入例）

所属：××野球クラブ	競技：野球	種目・ポジション：内野手
氏名：島田太郎	学年：大卒3年目	
大会名：全国野球クラブ対抗選手権		

★朝起きてから試合開始までの心の地図を書いていきましょう★

場面	行動（言葉・動作・表情など）
起床	今日もスッキリ目覚められたことに感謝！
朝食	いただきます！　おいしい！　いい栄養になる！
準備	忘れ物はないか？　今日もいいプレーをするぞ！
移動	今日はいけるぞ！　試合が楽しみ！
到着	背筋を伸ばして、堂々と、力強く歩く
アップ	今日は体が軽い！　いい動きができそうだ！
打撃練習	よし！　いいバッティングができているぞ！
守備練習	どんなボールでもキャッチできるぞ！
ベンチ入り	今日も野球ができることに感謝！ 観客のためにも頑張るぞ！
ミーティング	戦略は万全！　今日は勝てる気がする！
試合前	It's show time!　日本一への道のスタートだ！

STEP 4

「場」を思いどおりに支配する

□ 一瞬でメンタルを立て直す方法

どんなに普段からトレーニングを積んで結果を残しているトップアスリートでも、ちょっとしたはずみから、突如として心が乱れるということがあります。

たとえば、野球でドラフト1位間違いないという、すばらしい才能を持った投手がいたとします。

投げるボールはすべて一級品で、どの球種でもカウントをつくることができる。ストレートは150キロを超え、変化球もキレ味鋭く、相手の打者をバッタバッタと三振に斬って取る。なるほどプロのスカウトが一級品だと高評価する理由もわかります。

けれども、自信を持って投げたアウトコース低めのストレートが球審に「ボール」

と判定された瞬間、「えっ、いまのがボール？」と少し怪訝《けげん》そうな表情を見せます。

問題はここからです。突如として制球を乱して四死球を連発し、満塁となったところで迎えた相手の四番打者に初球の甘く入ったストレートをスタンドまで持っていかれてしまい、このイニングの途中で降板することとなりました。

これは、この投手の心が弱いからではなく、**試合中に心をコントロールする術を学んでいなかったからです。**

もし、試合の前日から三気法を使って気を自在に操ることができていたら、結果は違ったものになっていたはずです。たとえ球審から際どいコースに投げたボールがストライクでなかったからといって、精神的に不安定になるようなことはまずなかったでしょう。

このようなときに必要なのは、「**わずかな時間で心を立て直す**」**方法をマスターすることです。**

それが可能である証拠に、私たちはある特定のルールをつくって、マイナスの精神状態をいとも簡単にプラスに変えることができたのです。

□「3秒ルール」を効果的に行う「6つのケーススタディー」

わずかな時間で心を立て直す方法。それこそが「3秒ルール」です。すでに第2章（93ページ）や第4章（169ページ）に出てきている言葉ではありますが、ここでは、より具体的なやり方をお話ししましょう。

3秒ルールのコツは「イメージは使わないこと」。なぜなら、3秒ではイメージを意識して思い浮かべる時間もなく、マイナスの状況から否定的なイメージが入力されるからです。ですから、入力ではなく出力となる言葉と動作を使います。

3秒ルールは状況によって言葉と動作の使い方が違ってきます。試合を優勢に進めているとき、反対に劣勢に陥ったときには、次の6つの想定されたケースを3秒ルールとして、それぞれ使い分けるといいでしょう。

①試合を優勢に進めているとき

言葉＝「まだまだ」、動作＝唇をかみしめる

②うれしくなったとき

言葉＝「いいぞいいぞ」、動作＝握りこぶしをつくる

③安心ムードになったとき

言葉＝「目標はナンバーワンだ！」、動作＝人差し指を空に掲げる

④ピンチに陥ったとき

言葉＝「おもしろいぞ！」、動作＝親指を立てる

⑤ミスをしたとき

言葉＝「いまのはナシ！」、動作＝指をパチンと鳴らす

⑥思わぬアクシデントが発生したとき

言葉＝「サンキュー」、動作＝笑顔になる

3秒ルールはチーム内で明確にルール化しておくことが大切です。なぜなら、その言葉を口にしたら、チームメイトのみんなの脳が肯定化される必要があるからです。

そのためには日ごろの練習のときから意識してトレーニングしておくことが大切です。場面に応じて必要な言葉と動作が出てくる。それができるようになれば、試合中のメンタルコントロールは思いどおりになっているはずです。

STEP 5

「苦楽力」で最強の脳をつくる

□ 雨が降っても「ラッキー」と考える

どんな競技であれ、世界中のトップアスリートと呼ばれる選手には脳に対して肯定的な入力をし続けています。**普通の人にはつらく、苦しい練習であっても、「これは非常に意味のある練習なのだ」とインプットできるのです。**

当然ながら、これは試合においても一緒です。

たとえば、試合が始まって少ししてから雨が降り出してきたとします。普通なら「雨のなかで試合をやるのはいやだな」「グラウンドがぬかるんで思うようにプレーできないから、ミスをしそうだな」と否定的なことばかりが脳裏をよぎるものです。

けれども、脳が肯定的になっている場合は違います。

「雨が降り出してきた。ラッキー。相手は内心『いやだな』って思っているぞ。このまま続けていけば、チャンスが絶対生まれるんだ」

と思えるようになるのです。

実際、脳が肯定的になっていると、どんな悪条件があったとしても、信じられないような好プレーを連発したり、チャンスが拡大したりして、それをものにして自分たちの思いどおりの展開に試合が進んでいくのです。

反対に、脳が否定的になっていると、普段の練習で当たり前のようにできていたプレーがまったくできないどころか、とんでもないミスを連発したり、せっかくチャンスをつかんだと思っても、スルリと手中からこぼれ落ちたりしてしまうなんてこともあるのです。

両者の違いは「**脳が肯定的になっているかどうか**」。これに尽きます。

たとえ苦しいことであっても楽しいと思える人ほど、たゆまぬ事前の準備を重ねてきています。つまり、普段からの練習で、どれだけ頑張れるのかも重要なのです。

練習の時間に雨が降ってきたら、どんな心境になるでしょう?

「雨の日に練習すれば、試合中に雨が降ってきたときに役立つな」

そう思えるように脳を仕向けていかなければなりません。

第2章（63ページ）でお話ししたイチローさんと同じように、練習が好きな人はいません。けれども、目標に到達するために必要なことであれば、努力できる——イチローさんはそう話しています。

SBTでは苦しいこと、つらいことを楽しむ力のことを「苦楽力《くらくりょく》」（230ページ）と呼んでいますが、苦楽力を発揮して苦しい練習を乗り越える脳の力を養うことができれば、目の前の試合を支配することも可能になってくるのです。

□起きているあいだの失敗を寝る前に修正する

人間の脳は睡眠中に起きていたあいだの出来事を整理し、記憶しようとする働きがあります。

そのため、寝る前に行うメンタルトレーニングは大きな効果を発揮します。

今日、起きているあいだに起きた失敗は寝る前に修正しておかなければなりません。

具体的には次の4つのプロセスを行う必要があります。

①目標を達成するために乗り超えるべき課題と問題点をイメージする

②「必ず成功できる」と自己暗示をかける

③喜んでいる自分をイメージする

④もう一度、目標を達成したときの状態をイメージする

これら一連の作業は、できれば就寝の10分前にやっておくのが理想です。私たちの脳は忘れやすく、どんなにすばらしい目標を持っていたとしても、眠ってしまい、翌朝になったら、すっかり忘れてしまっているなんてことはよくあるのです。

そこで、就寝する10分前の静まった時間を利用して失敗を洗い出し、さらに自分が成功しているシーンを思い浮かべ、目標を達成したときのイメージを脳に焼きつけるようにしてください。

睡眠前のメンタルトレーニングは、あなたが自主的に行うことです。ひょっとしたら、めんどうくさいと思ったり、「今日はいいや」と妥協したくなったりするようなこともあるかもしれません。

けれども、これもあなたが立てた目標に向かって詰めていかなければならない作業のひとつです。そう思いながら続けていくと、やがて習慣化され、毎日これをやらないと気がすまないようになっていくはずです。

それに、**大谷選手はこうした一連のメンタルトレーニングに関して、ほかの誰にも負けないほどの関心と興味を持っていました。**

いま、彼がメジャーの舞台で大活躍できている背景には、朝起きてから夜寝るまでのあいだ、1分1秒も惜しまず努力し続けているからだということは、ぜひ覚えておいてください。

Column 5

メンタルトレーニングの3つの柱「成信力」「苦楽力」「他喜力」

メンタルトレーニングが世の中に浸透し始めたころ、講演の質疑応答で、こんな質問を受けたことがあります。

「メンタルトレーニングのやり方は、競技によって変わるんですか？」

実際は何も変わりません。これはスポーツにかぎった話ではありません。ビジネスでもそうですし、勉強だってそうです。あらゆるシチュエーションによって使い分けることなく、すべてやり方は一緒なのです。

このときにやるのは次の3つです。

①自分を高める「成信力」でメンタルを育てる
②困難を乗り切る「苦楽力」でメンタルを鍛える
③他人を喜ばせる「他喜力」でメンタルを磨いていく

まずは「成信力」から。やる気や能力を引き出すには感情を肯定的にさせなければいけません。第2章（67ページ）でもお話ししたとおり、自分の心が楽しくて、ときめいている状態の「ワクワク状態」にさせることで、「やる気ホルモン」が脳内で分泌され、やる気が高まっていくのです。

そのうえで、目標を達成した自分自身の姿をイメージさせ、次のステップへと進んでいく。それが「苦楽力」へとつながるのです。

練習は苦しいものです。早く終わりたい、こんなきついことをするなら少しは妥協したい。そうしたネガティブな考えを起こしがちです。

けれども、苦しいことをいかに楽しく思えるか。楽しいことだと認識して、少しずつでもいいからステップアップしていくための努力を積み重ねていく。その結果、自分自身が成長していくことができるわけです。

最後の「他喜力」は、人を喜ばせたいという気持ちがポジティブな力となっていくわけです。ビジネスの場合ですと、「他喜」とは「お客さんを喜ばせる」ことであり、スポーツの場合でいえば「子どもたちの将来のため」「地元の人を笑顔にしたい」ということでいいのです。

喜ばせたい対象が明確になると、どんなに苦境に陥っても、それを乗り越えたいという力が働きます。その力をうまく利用するわけです。

私はここで挙げた3つの力を、よく車にたとえてお話しします。

車のエンジン部分にあたるのが「成信力」です。夢が大きければ大きいほど車と同様にエンジン部分が大きなものになるからです。けれども、いざ、公道を走ると予期せぬアクシデントに襲われることもあります。そのようなときは車のボディー、すなわち「苦楽力」を用いて困難な状況を乗り切ろうとします。

さらに、どんなにいいエンジンを積んでいても、あるいは頑丈なボディーであっても、燃料がなければ走れません。これが「他喜力」にあたり、燃料を満たすように他人を喜ばせる力を満たすことが重要となるのです。

ここに挙げた3つの力は、車と同様に、どれが欠けてもうまくいきません。エンジン、ボディー、燃料が車を走らせることにおいて大事なことであるように、「成信力」「苦楽力」「他喜力」のどれが欠けてもメンタルトレーニングはうまくいかないのです。

そのことを理解したうえで、スポーツにかぎらず、あらゆる分野でメンタルトレーニングの内容は同じであると認識していただければと思います。

第 6 章

大谷翔平を目指すあなたへ

□最初は「できないことだらけ」だった大谷翔平

いまや大谷選手は老若男女が憧れるような国民的なヒーローとなりましたが、そんな彼でも高校時代はできないことだらけでした。

第1章（39ページ）でもお話ししましたが、体がまだまだ成長し切っていなかったので、練習メニューをこなすにも、コンディションと相談しながら鍛えていかざるをえませんでした。それを彼自身にとっても、内心は大いに不満に感じていたでしょうし、ひょっとしたらストレスさえも感じていたかもしれません。

それに、高校時代の彼はメンタル面も高い水準を誇っていたのはたしかでしたが、100％の力を本番の試合で発揮できていたかといえば、そんなことはありません。不完全燃焼に終わった試合だって多々あったでしょうし、何より甲子園で1勝もできずに終わったことは、彼にとって苦い思い出となっているはずです。

それを踏まえて考えていくと、**大谷選手に憧れている、あるいは目標にしているあなたも、夢目標を見つけて保有能力と発揮能力を磨き続けていれば、やがて大谷選手**

のようになれる可能性はゼロではありません。

むしろ体格や素質に恵まれていて、これといった努力さえもしていない人が自分の身近なライバルだとしたら、いまは劣っていたとしても、やがて追い抜いていくチャンスがあることが十分に考えられるのです。

ですから、**いまは劣っているからといって嘆く必要などありませんし、できないことが多いからといって夢をあきらめてしまうことなど考える必要はありません。**

まずは大きな目標をつくりましょう。それから立てた目標の目的はなんなのか、それに向かってどんなプロセスを進んでいけばいいのか。夢の実現に向けて動き出せばいいのです。

□「千里の道も一歩から」と肯定的に考える

2023年3月8日、大谷選手が侍ジャパンの一員として臨んだ阪神との強化試合で、こんなシーンがありました。三回に相手の才木浩人《さいきひろと》投手と対戦した大谷選手は、才木投手が投じたフォークボールを、左ひざをつき、右手一本でセンターをオーバーフェンスする本塁打を放ったのです。

一流選手が集まる侍ジャパンの選手がベンチ内で唖然《あぜん》とし、なかには頭を抱えてしまう選手もいました。相手の岡田彰布《おかだあきのぶ》監督も「ものが違いすぎる」と脱帽するほど。

たしかに、相手からしたら「あんなに低く鋭く落ちたボールを、いとも簡単にフェンスオーバーなんかされたらたまったもんじゃない」と思うでしょうし、いま、まさに野球を続けている小中高生にしてみたら、「あんなの絶対に真似《まね》できない」と、さじを投げてしまうかもしれません。

でも、大丈夫。大谷選手だって小中高生のときは、金属バットを使ったって右ひざを地面についた体勢からフェンスオーバーの当たりなど飛ばせてはいないでしょう。

段階を経て進化していったからこそ、このようなものすごい当たりが飛ばせるようになっていったのです。

「千里の道も一歩から」ということわざがあるように、何ごともコツコツ積み重ねていくことが肝心です。

「この練習をすれば、夢目標が実現できる」
「この夢目標は、何がなんでも達成してやるんだ」
「自分は絶対にできる」

こんな肯定的な思いがあったからこそ、本気で努力ができていたのです。

どんな人だって挫折や失敗はあります。それを、**大谷選手はネガティブに考えなかったから、次、また次と乗り越え続けることができたからこそ、今日の「メジャーリーガー・大谷翔平」をつくりだすことができたのです。**

□自分の心のコントロールは誰にでもできる

野球の投手なら150キロのストレートを投げる。サッカー選手なら華麗なドリブルからのシュートを決める。陸上の短距離の選手なら100メートル10秒を切った走りをする。どれもすばらしいプレーです。

普通の人が真似しようと思っても容易にできるものではありません。何度もお話ししているとおり、**夢目標を設定して処理目標でクリアしていく。そのプロセスが何度も何度もあったからこそ、すばらしいパフォーマンスを発揮できるだけの能力が備わったのです。**

もし、あなたが、こうしたプレーができるようになるには、いくつものハードルを越えなければなりません。人によっては「それは無理だ」と思ってしまうかもしれないのですが。

けれども、いまからでも、すぐにできることがあります。それは「自分の心をコントロールできるようになること」です。

第3章から第5章までお話ししたメンタルトレーニングをマスターすればいいといってしまえばそれまでですが、心がコントロールできるようにさえなれば、どんな困難な状況でも「どうすれば乗り越えられるか」を考えられるようになり、何度もぶち当たる壁さえも突破することが可能になります。

発明王のエジソンは1日3時間の睡眠でぶっ通し研究をし続け、数多くの発明を世に送り出しました。そのエジソンが、のちに「私はいままで仕事をしたことがない」というほど夢に対してワクワクする脳に自分をコントロールしていただけなのです。

「大谷選手だから」「エジソンだから」などと結論づける必要などありません。**彼らは特別なメンタルを身につけているのではなく、夢目標を設定し、その夢実現の成功を信じて疑わなかっただけです。**

まさに「成信力」。成功を信じる力があっただけなのです。

□「目的地」と「プロセス」を明らかにする

「一年の計は元旦にあり」という言葉があります。年のはじめの元日の朝に新しい計画を立てなさいという意味ですが、実際に計画を立てても、それを実行しようとせずに三日坊主で終わってしまったという人は多いはずです。

目標を絵に描いた餅で終わらせないようにするためには「目的地はどこなのかを明確にさせること」「そこにいたるまでのプロセスを明らかにすること」。この2つに尽きます。

たとえば、「プロ野球選手になりたい」という目標を持ったとします。野球少年であれば、その多くが掲げる目標なのかもしれません。

けれども、「プロ野球選手になる目的は何かあるの?」と質問すると、多くははたと立ち止まり、答えに苦しみます。つまり、プロ野球選手にはなりたいという願望があるものの、その理由が見いだせないというわけです。

たとえば、「メジャーの舞台に立ってスタンドから大歓声が起こるようなパフォーマンスがしたい」でもいいですし、「球場に来たお客さんの記憶に残るようなプレーをしたい」でも構いません。プロ野球選手を目指す目的はなんなのかが明確になればいいのです。

それさえ明確になれば、あとはそこにいたるまでに、どんなプロセス、言い換えれば、練習を積んでいけばいいのかということになります。途中でアホになって練習することもあるでしょうし、傍から見れば「もう、そのくらいにしといたら」といいたくなるほど苦しい練習をすることもあるかもしれません。

でも、それは結局は自分の目標を実現するために必要なことですし、一度立てた目標に向かって練習し続ける自分の姿があるのです。その結果、目標が目標で終わらせることなく夢を実現する確率が高まります。

もし元旦に目標を立てたのであれば、「立てた目標の目的は何？」「目標を実現するために、どんなことをすればいいの？」と自分に問いかけてみてください。

そうすれば、一度立てた目標が、絵に描いた餅で終わるようなことは、なくなるはずです。

□メンタルを鍛えるのに「修行」はいらない

メンタルは自宅でも鍛えられる。これはウソ偽りのない本当の話です。

昔は精神修行といえば、滝に打たれたり、あるいはお寺で座禅をして住職から警策《きょうさく》という木の棒で肩をたたかれたり、護摩行《ごまぎょう》といって燃えさかる炎の前で全身全霊を込めて唱え、炎と一緒に煩悩を焼き尽くすというものがありました。

つまり、「心を鍛える」ということは、普段の生活のなかでは容易にできないものであるという認識が多くの人の心に植えつけられていたはずです。

けれども、待ってください。そのようなことをしなくてもメンタルは鍛えられます。**どんなに苦しくても、何があっても、ひとつのことをやり抜こうとする精神力。それは「成功を信じる」ことによって生まれます。自分の成功を信じられるがゆえに頑張り続けることができるのです。**

つまり、とてつもない精神力を生み出すのは「自分の成功を信じ切っている」肯定的な脳があってこそだともいえます。

これを「成信力」と呼んでいます。

大谷選手だってそうです。彼が滝行《たきぎょう》や護摩行を行ったという話は一度も聞いたことがありません。むしろ、そうしたものは、いまのところ「まったくやっていない」と見るべきでしょう。

そう考えると、滝行や護摩行を行ったりすることは、自分だけの成功を信じ切っているからこそ、できることだともいえます。苦しい修行をやり切ったからこそ、「自分は変わったんだ」と自信を持てるようになる。

でも、それによって人は100％変われるのかと聞かれれば、そんなことはないと断言します。なぜなら、苦しい修行をすると、一見すると精神力が磨かれたように感じますが、「信じるのは自分である」という考えのもとで行っているため、少し時間がたって、自分が信じられなくなったときに、また弱気の虫が顔を出してしまうからです。

大切なことは、自分だけの成功を信じるのではなく、周囲の人たちと一緒になって成功を信じ、その思いを共有することで勝利につながることなのです。

□目の前の「小さな第一歩」を踏み出そう

新しいことにチャレンジしようと考えたとき、どうしても第一歩が踏み出せないという人がいます。これはしかたがないことです。

なぜなら、人は「大きな変化を嫌う生き物」だからです。

たとえば、それまで朝7時に起きていた人が5時半に変える。

それまで勉強に2時間を費やしていた人が4時間に変える。

これって、じつは、ものすごく勇気がいることなのです。同時に、ためらってしまう気持ちが出てくるもの。その結果、どうしても第一歩が踏み出せずにいるのです。

このようなときは、どう乗り越えさせるのがいいのか。

私はよく、SBTの受講者に、こんなメッセージを投げかけるようにしています。

「昨日より、今日より、明日は、ちょっとだけ超えた自分になってみよう」

私はこれを「ちょい超え」と呼んでいるのですが、これは私たちの心のなかに「大きな変化を嫌うこと」が潜んでいるからです。

いつもより10分だけ早く起きてみる。
いつもより10分だけ多く勉強してみる。
いつもより10分だけ多くトレーニングをしてみる。

それを継続してやっていくと、小さな積み重ねが大きな成功を生み出すもとになりますし、それが、やがては自分自身の自信にもつながっていきます。

最初から大きな変化をするのではなく、ちょっとだけ変え、昨日の自分を超えてみること。

新しいことを始めようとするとき、無理をする、あるいは頑張る必要などありません。できる範囲で、小さなことから始めればいいだけなんだということを、みなさんもどうか肝に銘じておいてください。

（了）

大谷翔平《おおたにしょうへい》の成信力《せいしんりょく》
私《わたし》が高校時代《こうこうじだい》に伝《つた》えた、夢《ゆめ》が必《かなら》ず実現《じつげん》する「脳活用術《のうかつようじゅつ》」

2024年3月25日　第1刷発行
2024年3月28日　第2刷発行

著　者　西田一見《にしだはつみ》

ブックデザイン　福田和雄（FUKUDA DESIGN）
本文DTP・図表デザイン　サカヨリトモヒコ
構　成　小山宣宏

発行人　畑 祐介
発行所　株式会社 清談社Publico
〒102-0073
東京都千代田区九段北1-2-2 グランドメゾン九段803
TEL：03-6265-6185　FAX：03-6265-6186

印刷所　中央精版印刷株式会社

ISBN 978-4-909979-58-2 C0030

清談社
Publico

https://seidansha.com/publico
X @seidansha_p
Facebook https://www.facebook.com/seidansha.publico